CB068152

Presenteado por

_____

Com amor para

_____

Data

_____

Publicações
Pão Diário

Originally published in English under the title
Bible Basics Storybook
by Birttany Sky
Copyright © 2019 by Abingdon Press
2222 Rosa L. Parks Blvd. Nashville, TN 37228-0988, USA.
All rights reserved.

Coordenação editorial: Dayse Fontoura
Tradução: Thaís Soler
Revisão: Dalila de Assis, Dayse Fontoura, Lozane Winter
Adaptação e diagramação: Audrey Novac Ribeiro
Ilustrações: Ed Maksimowicz
Capa: Ralph Voltz

Dados Internacionais de Catalogação na Publicação (CIP)

Sky, Brittany
Histórias Clássicas da Bíblia
Tradução: Thaís Soler – Curitiba/PR, Publicações Pão Diário.
Título original: *Bible Bascis Storybook*

1. Bíblia
2. Pais e filhos
3. Vida cristã
4. Meditação e devoção

Proibida a reprodução total ou parcial sem prévia autorização por escrito da editora. Todos os direitos reservados e protegidos pela Lei 9.610, de 19/02/1998. Permissão para reprodução: permissao@paodiario.org
Exceto quando indicado o contrário, os trechos bíblicos mencionados são da edição Nova Tradução na Linguagem de Hoje © 2011 Sociedade Bíblica do Brasil.

Publicações Pão Diário
Caixa Postal 4190
82501-970 Curitiba/PR, Brasil
publicacoes@paodiario.org
www.publicacoespaodiario.com.br
Telefone: (41) 3257-4028

Código: RB799
ISBN: 978-65-87506-04-3

1ª impressão: 2022

Impresso na China

Carta às crianças

Olá!

Este livro é incrível, cheio de histórias bíblicas somente para você. Aqui, você vai conhecer sobre Jesus, Abraão e Sara, Pedro e Paulo, Ana e Samuel e muitas outras pessoas. Essas histórias lhe ensinarão a respeito de Deus e Seu amor por você! Você poderá fazer esta leitura a qualquer hora e quantas vezes quiser. Sempre que você lê-las, sentirá o amor de Deus e aprenderá a compartilhar esse amor com todos ao seu redor.

Sumário

INTRODUÇÃO AO ANTIGO TESTAMENTO 11

Gênesis
Criação (Gênesis 1:1-25) 12
À imagem de Deus (Gênesis 1:1-26–2:4) 15
Adão e Eva (Gênesis 2:4–3:24) 16
Noé (Gênesis 6:1–9:17) 19
Torre de Babel (Gênesis 11:1-9) 20
Abraão e Sara (Gênesis 12:1-9; 15:1-6) 22
Abraão e Ló (Gênesis 13:1-12) 25
O nascimento de Isaque (Gênesis 18:1-15; 21:1-7) 27
Isaque e Rebeca (Gênesis 24:1-67) 28
Esaú e Jacó (Gênesis 25:19-28) 31
A primogenitura (Gênesis 25:29-34) 32
A bênção (Gênesis 27:1-46) 34
O sonho de Jacó (Gênesis 28:10-22) 37
José e seus irmãos (Gênesis 37:1-36) 38
José no Egito (Gênesis 39:1–40:23) 40
José salva o dia (Gênesis 41:1-57) 42
José e seus irmãos se reencontram (Gênesis 42:1–46:34) 44

Êxodo
O bebê no cesto (Êxodo 1:8–2:10) 46
O arbusto em chamas (Êxodo 2:11–3:22) 48
Moisés e Faraó (Êxodo 5:1–13:9) 50
Atravessando o mar (Êxodo 13:17–14:31) 53
Cânticos de alegria (Êxodo 15:1-21) 54
No deserto (Êxodo 15:22–17:7) 57
Os Dez Mandamentos (Êxodo 19:1–20:21) 58
Uma casa para Deus (Êxodo 25:1–31:18; 35:4–40:38) 60

Josué
Deus escolhe Josué (Josué 1:1-9) 62

Raabe (Josué 2:1-24) 64
Atravessando o Jordão (Josué 3:1–4:24) 66
Jericó (Josué 6:1-27) 69
Josué escolhe Deus (Josué 24:14,15,25-28)............................70

Rute
Rute, parte 1 (Rute 1:1-22)..73
Rute, parte 2 (Rute 2:1–4:22) 75

1 Samuel
Ana ora (1 Samuel 1:1-28) 76
Deus chama Samuel (1 Samuel 3:1-21) 78
Samuel unge Saul (1 Samuel 7:1-8: 22; 10:17-24)..................80
Samuel unge Davi (1 Samuel 16:1-13) 82
Davi, o músico (1 Samuel 16:14-23).......................................84
Davi e Golias (1 Samuel 17:1-51) 86
Davi e Jônatas (1 Samuel 18:1-5; 20:1-42) 88

2 Samuel
Davi dança (2 Samuel 6:1-19) 90

1 Reis
Salomão se torna rei (1 Reis 2:1-4; 3:1-15) 93
Salomão e o Templo (1 Reis 6:1-38, 8:1-66) 94
Elias e os corvos (1 Reis 16:29-30; 17:1-7) 96
Elias e os profetas de Baal (1 Reis 18:20-39) 99
Elias e Eliseu (1 Reis 19:1-21) 101

2 Reis
Eliseu e a viúva (2 Reis 4:1-7) 103
Eliseu e Naamã (2 Reis 5:1-19)...104

Ester
Rainha corajosa (Livro de Ester) 107

Salmos
Salmo 8 (vv.1-9)..108
Salmo 23 (vv.1-6)..111
Salmo 121 (vv.1-8)..112
Salmo 139 (vv.1-12)..114
Salmo 150 (vv.1-6)..117

Provérbios
Provérbios de Salomão (Provérbios 3:5; 6:6-8; 17:17)..............118

Isaías
Espadas em arados (Isaías 2:1-5) 120

Jeremias
À espera pelo Rei (Jeremias 33:14-16).....................................122

Daniel
Daniel obedece a Deus (Daniel 1:1-21) 124
A fornalha ardente (Daniel 3:1-30) 127
Daniel na cova dos leões (Daniel 6:1-28) 128

Jonas
Jonas e o grande peixe (Jonas 1:1–2:10) 131
Jonas em Nínive (Jonas 3:1–4:11) 132

INTRODUÇÃO AO NOVO TESTAMENTO 135

Mateus
A história de José (Mateus 1:18-24) 136
Siga a estrela (Mateus 2:1-12) 138
Jesus é batizado (Mateus 3:13-17) 141
Jesus chama os pescadores (Mateus 4:18-22) 143
As Bem-aventuranças (Mateus 5:1-12) 144
A oração do Pai Nosso (Mateus 6:5-15) 147
Os pássaros que voam pelo céu (Mateus 6:25-34) 148
A Regra de Ouro (Mateus 7:12) 151
As duas casas (Mateus 7:24-27) 153

O homem na sinagoga (Mateus 12:9-14) 154
Jesus e as crianças (Mateus 19:13-15) 157
Hosana! (Mateus 21:1-11) 158
A última Ceia (Mateus 26: 17-30) 160
No jardim do Getsêmani (Mateus 26: 31-56) 162
Pedro (Mateus 26: 57-58,69-75) 164
A crucificação de Jesus (Mateus 27:32-66) 167
A ressurreição de Jesus (Mateus 28:1-10) 168
A grande comissão (Mateus 28:16-20) 171

Marcos
Uma voz no deserto (Marcos 1:1-11) 172
Os cinco amigos (Marcos 2:1-12) 175
Jesus acalma a tempestade (Marcos 4:35-41) 176
A filha de Jairo (Marcos 5:21-43) 179
Enviados dois a dois (Marcos 6:7-13) 180
Domingo de ramos (Marcos 11:1-11) 182
A última Ceia (Marcos 14: 12-26) 184
A crucificação (Marcos 15:1-47) 186

Lucas
Isabel e Zacarias (Lucas 1:5-25) 188
A história de Maria (Lucas 1:26-38,46,47) 190
Nasce um bebê (Lucas 2:1-7) 192
A visita dos pastores (Lucas 2:8-20) 194
Simeão e Ana (Lucas 2:25-38) 196
Conversa com os mestres (Lucas 2:39-52) 199
Jesus é batizado (Lucas 3:1-22) 201
Jesus é tentado (Lucas 4:1-13) 202
Jesus traz boas-novas (Lucas 4:14-30) 205
Jesus cura (Lucas 4:38-44) 207
Jesus chama Levi (Lucas 5:27-32) 208
O semeador (Lucas 8: 4-15) 211
O bom samaritano (Lucas 10:25-37) 212
Maria e Marta (Lucas 10:38-42) 215

A semente de mostarda e o fermento (Lucas 13:18-21) 216
Histórias sobre perdas (Lucas 15:3-10) 219
O pai perdoador (Lucas 15:11-32) 220
Os dez leprosos (Lucas 17:11-19) 222
Zaqueu (Lucas 19:1-10) 225
As dez moedas de ouro (Lucas 19:11-26) 226
As moedinhas da viúva (Lucas 21:1-4) 229
A última ceia (Lucas 22:7-20) 231
Ramos e Sofrimento (Lucas 19:28-40; 23:13-56) 233
Domingo de Páscoa (Lucas 24:1-12) 234
No caminho de Emaús (Lucas 24:13-35) 237

João
Nascido de novo (João 3:1-21) 238
A mulher no poço (João 4:1-42) 241
O lanche de um menino (João 6:1-15) 242
Jesus anda em cima da água (João 6:16-25) 245
Maria unge os pés de Jesus (João 12:1-8) 246
Jesus lava os pés dos discípulos (João 13:1-17) 249
A tumba vazia (João 20:1-18) 250
Jesus aparece aos discípulos (João 20:19-23) 253
Que a paz esteja com vocês (João 20:24-31) 254
Venha para o café da manhã! (João 21:1-14) 256
Alimente minhas ovelhas (João 21:15-19) 258

Atos
A ascensão (Atos 1:1-11) 260
No dia de Pentecostes (Atos 2:1-41) 262
Pedro e João curam (Atos 3:1–4:22) 264
Os cristãos compartilham (Atos 4:32-37) 267
Os sete ajudadores (Atos 6:1-7) 269
Filipe e o etíope (Atos 8:26-40) 270
A conversão de Saulo (Atos 9:1-20) 273
A igreja cresce (Atos 9:26-31) 274
Pedro e Tabita (Atos 9:36-43) 277

Pedro e Cornélio (Atos 10:1-48) 278
Chamados pela primeira vez de cristãos (Atos 11:19-30) 281
Pedro na prisão (Atos 12:1-17) 283
Timóteo é escolhido (Atos 16:1-5) 284
Lídia (Atos 16:11-15) 287
Paulo e Silas (Atos 16:16-40) 288
Priscila e Áquila (Atos 18:1-23) 291

Romanos
Amor em ação (Romanos 12:9-18) 292

1 Coríntios
Um corpo (1 Coríntios 12:12-31) 294
Amor (1 Coríntios 13:1-13) 297

Gálatas
Fruto do Espírito (Gálatas 5:22,23) 298

Efésios
Armadura de Deus (Efésios 6:10-20) 300

Filipenses
Seja alegre e persevere (Filipenses 4:4-14) 302

1 e 2 Timóteo
Seja um líder (1 Timóteo 4:7-16) 305
Anime-se (2 Timóteo 1:3-7) 306

Hebreus
Nuvem de testemunhas (Hebreus 11:1-34) 308

Apocalipse
Novo Céu e nova Terra (Apocalipse 21:1-6) 310

Carta aos pais e responsáveis 312
Orações 316
Estante da Bíblia 320

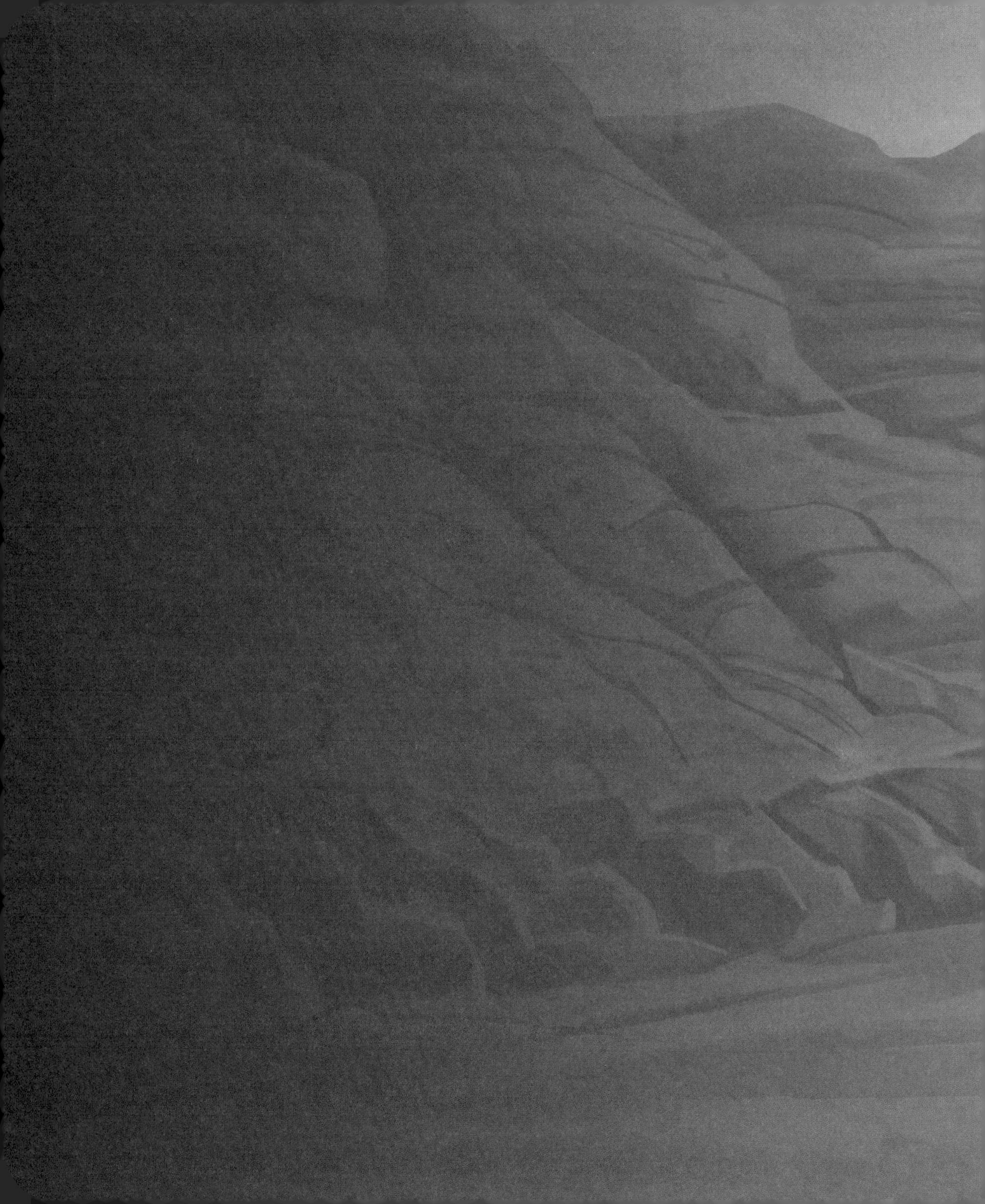

Introdução ao Antigo Testamento

O Antigo Testamento é a primeira seção da Bíblia. Tem 39 livros com histórias de milhares de anos atrás! Ele conta a história do povo israelita, fala sobre o amor de Deus e Seus atos poderosos. Os primeiros cinco livros são de instruções e leis. Em seguida, vêm os 12 livros sobre a história dos israelitas e dos líderes que Deus escolheu para ajudar o Seu povo. Depois, são os 5 livros chamados de poéticos com sugestões sobre como viver bem. E, por último, seguem os 17 livros conhecidos como proféticos. Os livros do Antigo Testamento ajudam as pessoas a se lembrarem de como Deus deseja que elas vivam.

Podemos aprender sobre Deus e sobre como compartilhar o Seu amor com outros a partir das histórias que encontramos no Antigo Testamento.

Criação GÊNESIS 1:1-25

No começo, não havia nada. Deus falou: "Que haja luz", e a luz começou a existir. Deus separou a luz da escuridão. Ele chamou a luz de Dia e a escuridão de Noite. Então Deus disse: "Haja céu", e o céu passou a existir. Deus disse: "Haja água e terra". Ele chamou a água de mar e a parte seca de terra. Então Deus disse: "Haja plantas que cresçam na terra" e as plantas cresceram. Deus disse: "Haja um Sol no céu diurno, e uma Lua e estrelas no céu noturno", e o Sol, a Lua e as estrelas apareceram. E Deus falou mais: "Haja animais marinhos nos mares e pássaros no céu". Os animais marinhos nadavam nos mares e os pássaros voavam no céu.

Deus disse: "Haja animais por toda a terra" e todos os tipos de animais viviam na Terra.

Deus olhou para toda a criação e viu que o que tinha feito era bom, mas Ele ainda não tinha terminado.

Querido Deus, obrigado por ter criado todas as coisas e feito tudo tão bem. Amém.

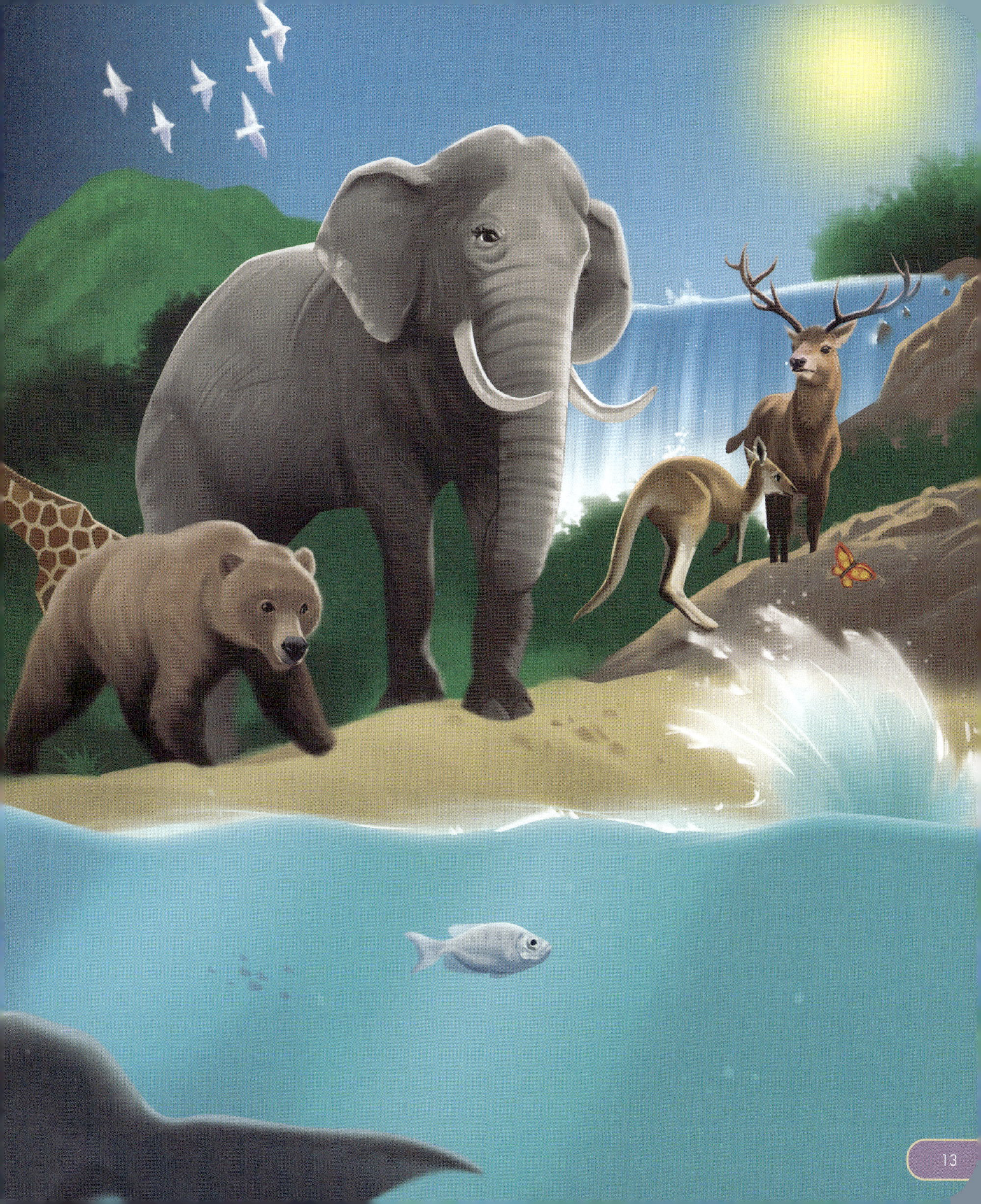

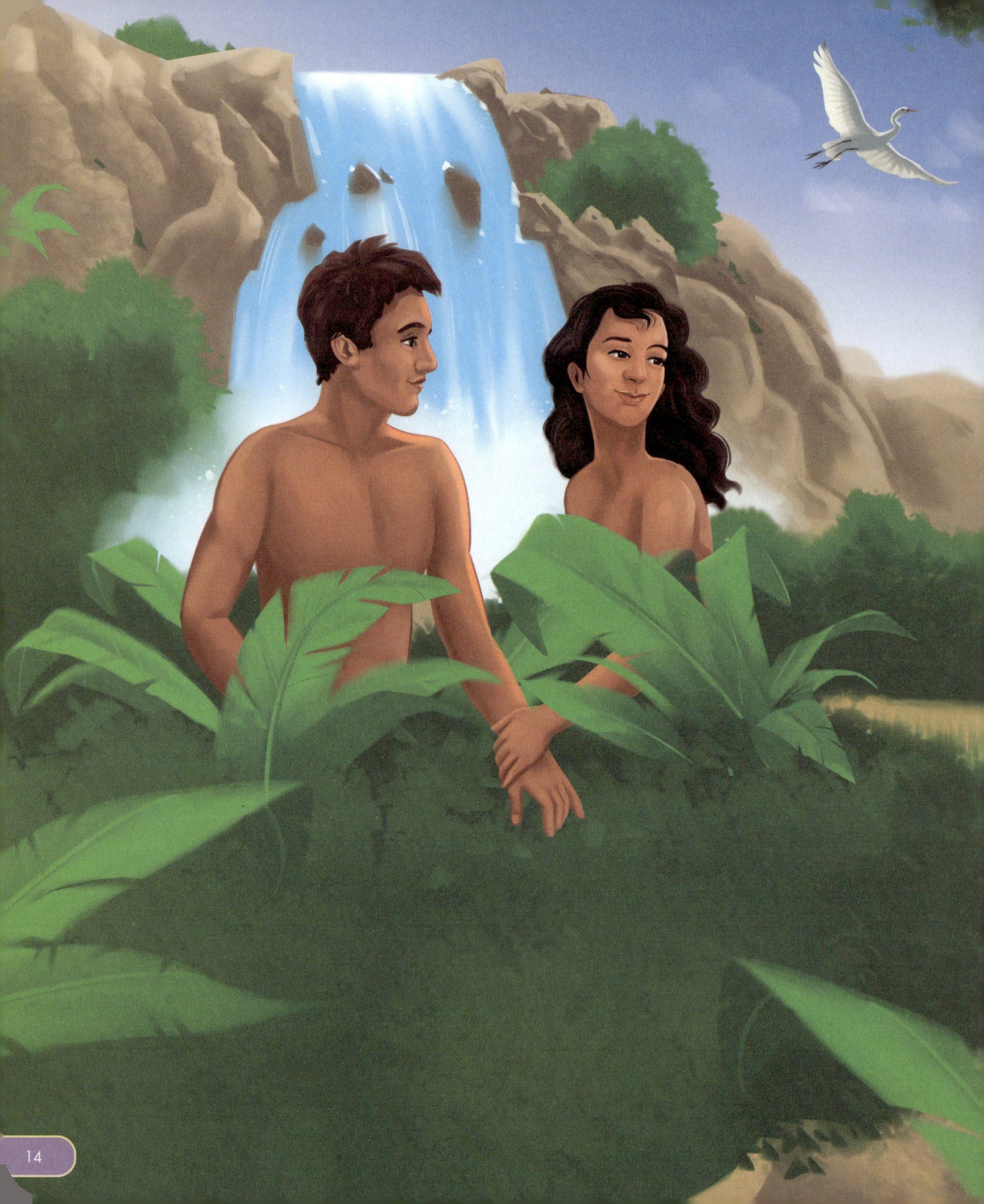

À imagem de Deus GÊNESIS 1:26–2:4

Deus olhou para toda a criação e viu que o que tinha feito era bom, mas ainda faltava algo.

Então, Deus fez Sua última criação: "Que existam as pessoas", e as pessoas passaram a existir. Deus viu as pessoas e disse: "Isso é muito bom. As pessoas vão cuidar da minha criação. Elas vão se importar com o dia e a noite. As pessoas vão se importar com o céu, os mares e a terra. Elas vão cuidar das plantas, dos peixes e dos pássaros e dos animais".

E Deus viu que tudo o que tinha feito era muito bom.

Querido Deus, ajude-me a cuidar da Terra e dos animais. Amém.

Adão e Eva GÊNESIS 2:4–3:24

Deus deu vida ao primeiro ser humano no jardim do Éden. Deus pediu a ele que seguisse algumas regras: "Cuide desta terra. Não coma da fruta da árvore do conhecimento do bem e do mal". O homem estava sozinho. Deus disse: "Não é bom que o homem viva sozinho. Vou fazer para ele uma companheira". Deus fez animais, mas nenhum dos animais era bom companheiro. Então, Deus colocou o homem para dormir e fez a mulher. O homem disse: "Agora, sim, essa é a parceira perfeita! Seu nome é mulher".

No Éden, havia uma serpente e ela disse à Eva: "Coma da árvore do conhecimento do bem e do mal". Eva respondeu: "Não, serpente". Mas a mulher foi convencida a comer. Ela deu uma mordida na fruta e ofereceu para o homem também. Quando Deus descobriu que eles tinham comido a fruta, disse a eles: "Agora que vocês dois comeram da fruta proibida, a vida será difícil". Deus fez Adão e Eva saírem do jardim do Éden.

Querido Deus, obrigado pelos amigos, pois assim não estou sozinho. Amém.

17

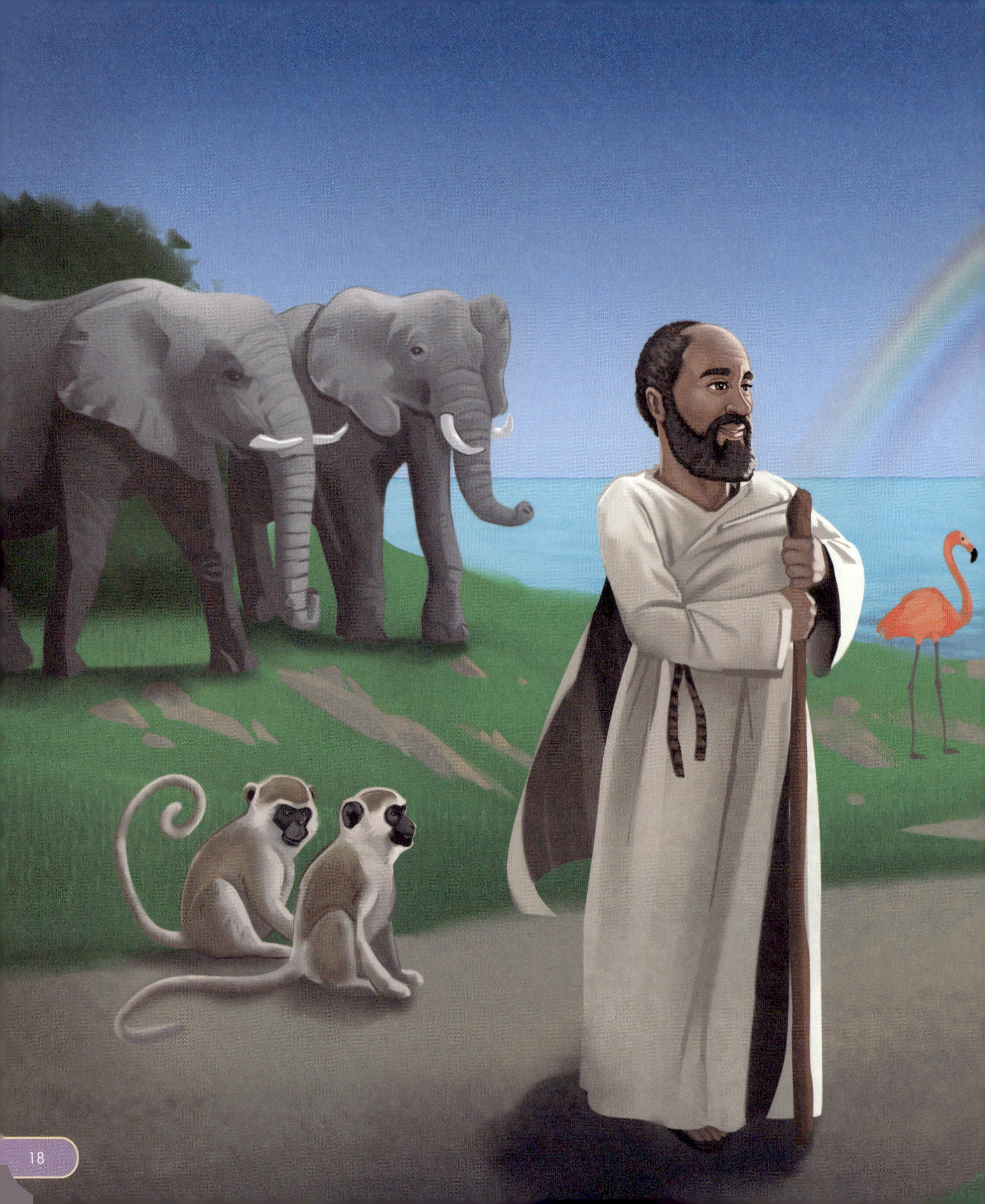

Noé GÊNESIS 6:1–9:17

Deus disse a Noé que um dilúvio viria sobre o mundo e mandou Noé construir uma arca de madeira. O Senhor disse a Noé que trouxesse um par de animais de cada espécie para dentro da arca. Deus mandou Noé abastecer a arca com todos os tipos de alimentos e sementes, e ele fez tudo o que o Senhor lhe ordenou, e então começou a chover. Choveu por 40 dias antes de Deus enviar um vento para secar toda a água. Noé enviou uma pomba para encontrar terra seca, e ela não voltou mais. Então, ele entendeu que era a hora de sair da arca. Noé louvou e agradeceu a Deus. E o Senhor prometeu jamais destruir a Terra dessa forma. Deus abençoou Noé e todas as criaturas prometendo que nunca mais haveria um dilúvio. Assim, Deus colocou um arco-íris entre as nuvens, e sempre que Noé visse o arco-íris, se lembraria da promessa do Senhor.

Querido Deus, obrigado por Suas promessas. Amém.

Torre de Babel GÊNESIS 11:1-9

Os filhos, netos e bisnetos de Noé viviam juntos em um lugar, falavam o mesmo idioma e se pareciam. Eles começaram a construir uma torre que chegasse a tocar o céu para que pudessem ficar juntos para sempre. Eles queriam viver no mesmo lugar, e gostavam de falar a mesma língua e de serem parecidos. Porém, Deus viu o que eles estavam fazendo e não quis que o povo fosse exatamente igual. Eles precisavam se espalhar por toda a Terra. Assim, o Senhor espalhou todas essas pessoas por lugares diferentes e deu a elas diferentes idiomas para se comunicarem.

Querido Deus, muito obrigado por me fazer único. Amém.

21

Abraão e Sara GÊNESIS 12:1-9; 15:1-6

Deus amava Abraão, e Abraão amava a Deus. O Senhor disse a Abraão: "Vá à terra que eu lhe mostrar e o abençoarei". Abraão fez o que Deus lhe disse para fazer e levou junto sua esposa e seu sobrinho Ló. Eles empacotaram todas as coisas deles e foram para o lugar onde Deus tinha mandado. Quando chegaram a Canaã, Deus disse: "Eu lhe darei esta terra. Darei a você uma grande família, e todos nela me amarão e me adorarão. Eu estarei com você e o abençoarei. E todas as pessoas verão que você me ama".

Querido Deus, ajude-me a seguir o Seu chamado. Amém.

23

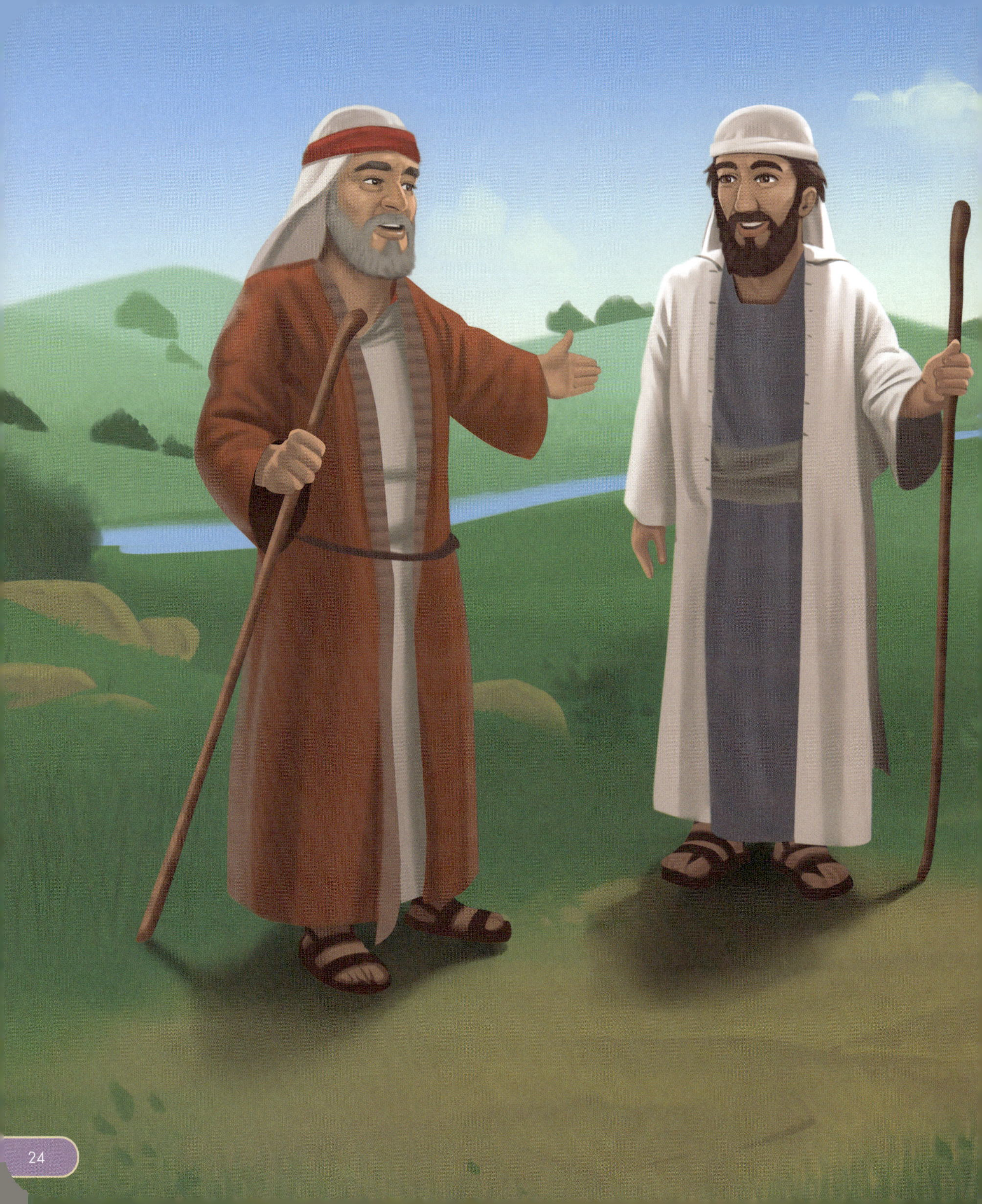

Abraão e Ló GÊNESIS 13:1-12

Abraão tinha muito gado, ovelhas, cabras, prata e ouro. O sobrinho de Abraão, Ló, também tinha muitas ovelhas, cabras e gado. Tio e sobrinho tinham pastores que cuidavam dos seus animais e esses pastores começaram a brigar. Não havia terra suficiente para todos os animais onde eles moravam. Então, Abraão disse: "Não vamos brigar. Olhe para toda essa terra. Escolha um lugar para viver. Então, eu vou seguir na direção contrária". Ló olhou ao redor e disse: "Eu gosto do Vale do Rio Jordão. É bonito e verde e tem um bom gramado e muita água para os meus animais". Abraão falou: "Então você deve se mudar para o Vale do Rio Jordão". E Abraão foi viver no Vale de Hebrom, e Deus disse a ele: "Eu vou lhe dar toda essa terra, até onde a vista alcança, e Eu vou abençoar você com uma família muito grande".

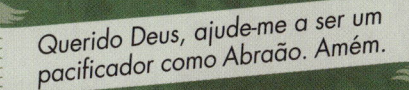

Querido Deus, ajude-me a ser um pacificador como Abraão. Amém.

26

O nascimento de Isaque GÊNESIS 18:1-15; 21:1-7

Abraão estava sentado fora da tenda quando três homens se aproximaram. Abraão os recebeu e os convidados se sentaram enquanto Sara preparava algo para eles comerem. Durante a refeição, os três homens perguntaram a Abraão: "Onde está Sara, a sua mulher?". Abraão respondeu: "Sara está na tenda". Então, um dos visitantes disse a ele: "Nós voltaremos ano que vem, e Sara estará com seu filho recém-nascido". Ela ouviu o que o homem tinha dito e riu, porque achou que era muito velha para ser mãe. O visitante disse: "Não sei por que você está rindo, Sara, pois nada é impossível para Deus". No ano seguinte, Sara teve um bebê. Ela e Abraão deram ao seu filho o nome de Isaque. Sara estava muito feliz porque agora ela tinha um bebê e disse: "Quem diria que eu teria um bebê aos 90 anos de idade?".

Querido Deus, ajude-me a confiar no Senhor, mesmo quando as coisas parecerem impossíveis. Amém.

Isaque e Rebeca GÊNESIS 24:1-67

Isaque cresceu e se tornou um homem, e era hora de ele se casar. Abraão chamou seu servo e disse a ele: "Encontre uma esposa para Isaque". Então, o servo foi para a cidade onde a família de Abraão vivia. O servo parou em um poço e ali pediu ajuda a Deus. O servo orou: "Ó, Deus, mostre-me a mulher com quem o Senhor deseja que Isaque se case". O criado esperou no poço. Logo, uma jovem mulher chamada Rebeca apareceu. Ela encheu a jarra de água. "Posso tomar um gole da sua água?", o servo perguntou. "Claro", disse Rebeca. O servo pensou: Essa é a mulher com quem Deus quer que Isaque se case. Então, ele foi conhecer a família de Rebeca. "Deus escolheu Rebeca como esposa do filho de Abraão, Isaque", o servo disse à família de Rebeca. "Rebeca, você gostaria de se casar com Isaque?" "Sim", respondeu ela. Isaque e Rebeca então se casaram.

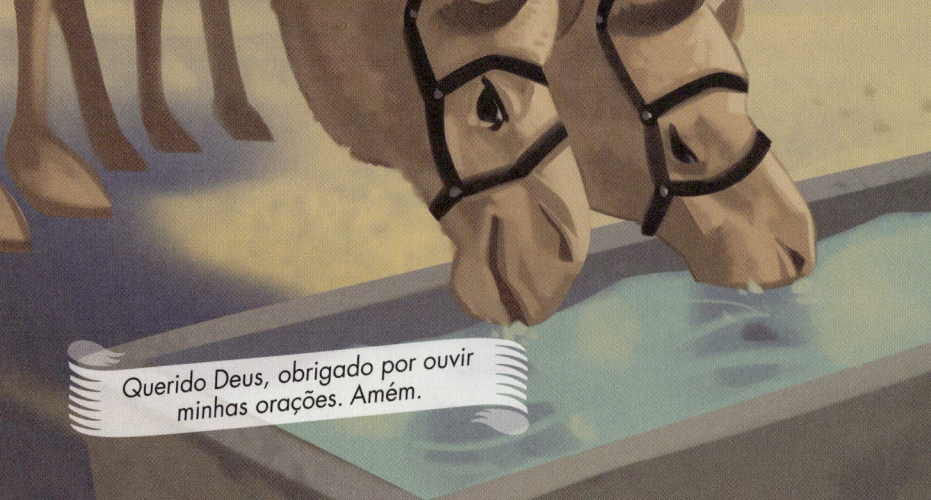

Querido Deus, obrigado por ouvir minhas orações. Amém.

29

30

Esaú e Jacó GÊNESIS 25:19-28

Isaque e Rebeca estavam ficando mais velhos e queriam ter uma família. Eles pediram a Deus por um bebê. Rebeca ficou grávida de meninos gêmeos! Seus nomes eram Esaú e Jacó. Apesar de terem nascido no mesmo dia, eram muito diferentes. Esaú nasceu primeiro. Ele tinha cabelos ruivos na cabeça e nos braços. Jacó nasceu depois. Ele tinha cabelos escuros. Os irmãos gostavam de coisas diferentes. Esaú gostava de estar ao ar livre, de caçar e pescar. Esaú gostava de passar tempo com Isaque, seu pai. Jacó gostava de estar dentro da barraca onde sua família estava. Ele gostava de cozinhar e fazia um delicioso ensopado de lentilhas. Jacó gostava de passar tempo com Rebeca, sua mãe.

Querido Deus, obrigado por fazer cada pessoa especial. Amém.

A primogenitura GÊNESIS 25:29-34

Um dia Esaú voltou para casa depois de caçar. Jacó estava fazendo ensopado de lentilhas, e Esaú estava com muita fome e perguntou: "Posso comer um pouco do seu ensopado de lentilha e pão, Jacó?". "Claro, mas só se você me der em troca pelo ensopado o seu direito de filho mais velho", disse Jacó. Esaú pensou sobre isso. Sua primogenitura o faria o líder de sua família quando se tornassem adultos. Isso ainda estava muito longe, mas Esaú estava com fome naquele momento. Ele precisava ser o líder e obter todos os tesouros da família? "Combinado", disse Esaú. "Uma tigela de ensopado saindo!", disse Jacó.

Querido Deus, ajude-me a fazer boas escolhas. Amém.

33

A bênção GÊNESIS 27:1-46

Esaú e Jacó ficaram mais velhos. Isaque e Rebeca ficaram mais velhos. Isaque pensou: Eu sou um homem velho, é hora de abençoar Esaú. Isaque, então, instruiu seu filho: "Esaú, por favor, cace e faça a minha comida favorita. Então eu lhe darei minha bênção". Esaú partiu em busca de comida. Rebeca ouviu isso e desejava que Jacó recebesse essa bênção. Assim, ela ajudou Jacó a se disfarçar para que Isaque, já cego devido à idade, acreditasse que Jacó era Esaú. Rebeca fez o ensopado favorito de Isaque e entregou a Jacó para levar ao pai. Jacó entrou na tenda de Isaque. "Quem é você?", perguntou Isaque. "Sou eu, Esaú", disse Jacó, "Aqui está a comida que pediu". Isaque comeu aquela comida e depois orou uma bênção sobre Jacó. Quando Esaú voltou e foi encontrar Isaque, descobriu que o pai havia dado a sua bênção a Jacó. Esaú ficou com muita raiva.

Querido Deus, abençoe, por favor, a todos com o que eles precisam. Amém.

35

36

O sonho de Jacó GÊNESIS 28:10-22

Jacó roubou a bênção de Esaú. Seu irmão, Esaú, estava tão zangado, que Jacó ficou com muito medo. Então, ele fugiu para a casa de seu tio. Após um dia de caminhada, Jacó estava com sono. Ele deitou a cabeça em uma pedra e adormeceu rapidamente. Ele sonhou com Deus. E o Senhor lhe disse: "Jacó, eu estarei sempre com você. Você será uma bênção". Jacó acordou e sabia que Deus estaria sempre com ele.

Querido Deus, obrigado por sempre estar comigo. Amém.

José e seus irmãos GÊNESIS 37:1-36

Jacó se casou e teve 12 filhos — um deles era José. Ele era o favorito de seu pai, e Jacó deu a José uma túnica especial. Nenhum dos seus irmãos tinha uma túnica como aquela, e isso irritou os irmãos de José.

Os sonhos de José os deixavam ainda mais irritados. "Sonhei que estávamos juntando grãos. Seus feixes de grãos se curvaram diante do meu feixe. Eu também sonhei que o Sol, a Lua e as estrelas se curvavam para mim. Isso significa que todos vocês se curvarão a mim", disse José. Nenhum de seus irmãos queria se curvar diante dele.

Os irmãos foram aos campos para pastorear as ovelhas. Jacó enviou José para vigiá-los. Os irmãos viram José e elaboraram um plano para se livrar dele. Eles tiraram a túnica de José e o jogaram dentro de um poço até que alguns comerciantes viajantes passaram por ali. Eles pegaram José e o venderam aos comerciantes, depois contaram ao pai que José estava morto.

Querido Deus, ajude-me a ser sempre justo. Amém.

José no Egito GÊNESIS 39:1–40:23

José viajou com os comerciantes para o Egito. Ali ele trabalhou por um tempo para um homem chamado Potifar antes de ser colocado na prisão.

Enquanto José estava preso, ele começou a interpretar os sonhos dos outros prisioneiros contando a eles o que significavam. Um homem era o copeiro do Faraó e servia bebidas quando o Faraó ficava com sede. O outro homem era padeiro do Faraó. Ele assava os alimentos do Faraó. Ambos tiveram sonhos estranhos. José disse a eles: "Conte-me seus sonhos, e Deus me ajudará a interpretá-los".

O copeiro começou: "Sonhei que fazia suco de uvas e dei ao Faraó. Ele bebeu o suco. O que isso significa?". José disse: "Faraó o perdoará".

O padeiro contou a José o seu sonho: "Fiz pão para o Faraó. Os pássaros vieram e comeram todo o pão antes que eu pudesse entregá-lo. O que isso significa?".

"Significa que o Faraó não o perdoará", explicou José.

José estava certo! Alguns dias depois, a interpretação dos sonhos se tornou realidade.

Querido Deus, ajude-me a fazer o melhor em todos os momentos. Amém.

José salva o dia GÊNESIS 41:1-57

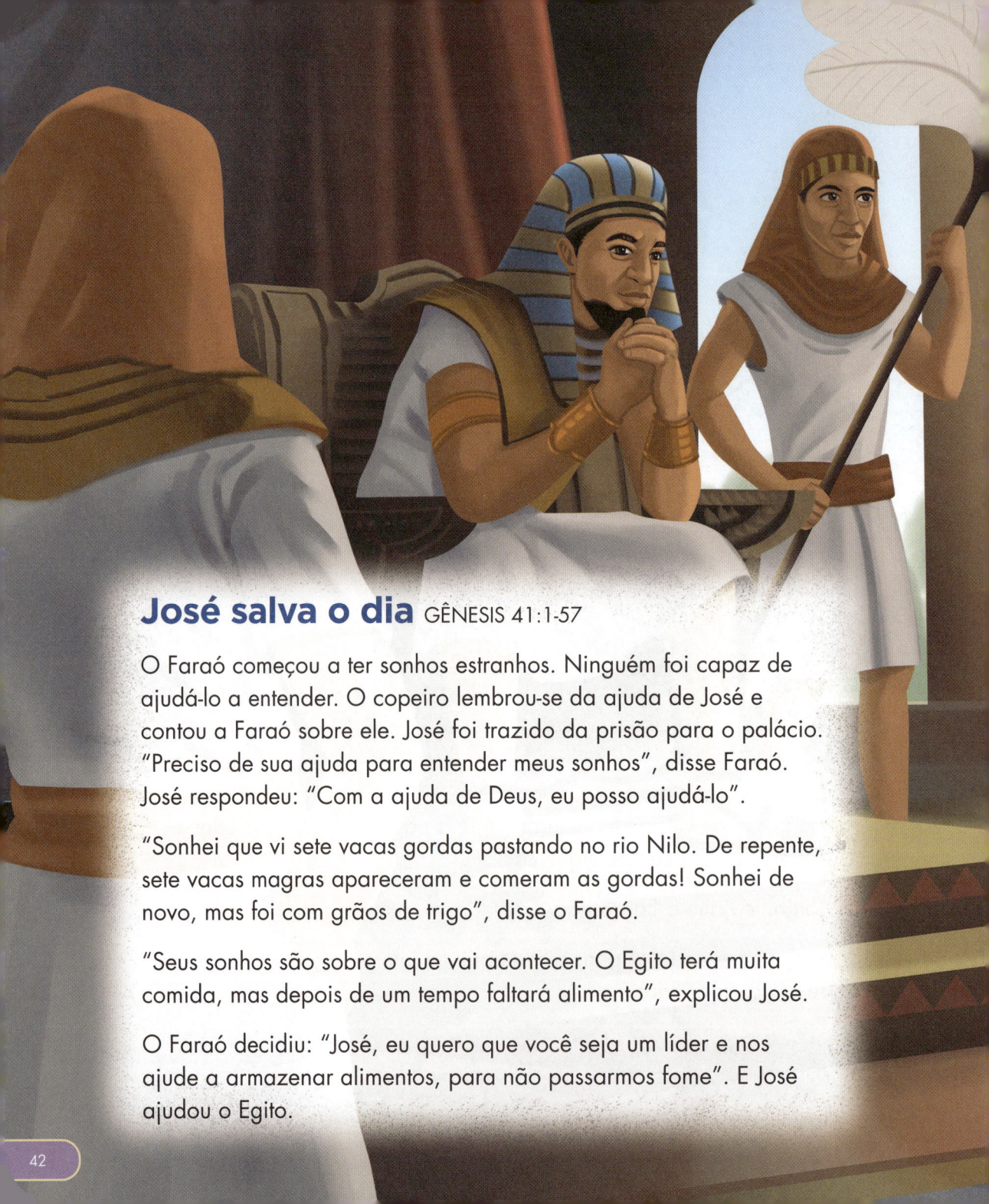

O Faraó começou a ter sonhos estranhos. Ninguém foi capaz de ajudá-lo a entender. O copeiro lembrou-se da ajuda de José e contou a Faraó sobre ele. José foi trazido da prisão para o palácio. "Preciso de sua ajuda para entender meus sonhos", disse Faraó. José respondeu: "Com a ajuda de Deus, eu posso ajudá-lo".

"Sonhei que vi sete vacas gordas pastando no rio Nilo. De repente, sete vacas magras apareceram e comeram as gordas! Sonhei de novo, mas foi com grãos de trigo", disse o Faraó.

"Seus sonhos são sobre o que vai acontecer. O Egito terá muita comida, mas depois de um tempo faltará alimento", explicou José.

O Faraó decidiu: "José, eu quero que você seja um líder e nos ajude a armazenar alimentos, para não passarmos fome". E José ajudou o Egito.

Querido Deus, ajude-me a usar os talentos que o Senhor me deu para ajudar os outros. Amém.

José e seus irmãos se reencontram
GÊNESIS 42:1–46: 34

Não havia comida em Canaã. Jacó, seus filhos e suas famílias estavam passando fome. Eles precisavam de comida, então Jacó enviou seus filhos ao Egito para comprar o que precisavam. Eles tiveram que falar com o poderoso governador do Egito para comprar comida, mas não sabiam que esse governador era seu irmão José. José deu comida aos seus irmãos e não revelou quem ele era, mas disse a eles para trazerem seu irmão mais novo, Benjamin, para vê-lo.

Algum tempo depois, a família de Jacó em Canaã ficou com fome mais uma vez. Os irmãos voltaram ao Egito para comprar mais comida. Dessa vez, eles levaram seu irmão mais novo, Benjamin, com eles.

Quando os irmãos ficaram na frente de José para comprar mais comida, ele decidiu testar seus irmãos com um truque, mas ele não conseguiu continuar. José chorou e disse aos irmãos quem realmente ele era. Então, José convidou seus irmãos e suas famílias para viverem no Egito!

Querido Deus, ajude-me a perdoar os outros. Amém.

O bebê no cesto ÊXODO 1:8–2:10

Muitos anos atrás, Moisés nasceu no Egito. Os pais de Moisés eram escravos e obrigados a trabalhar duro. O Faraó não queria que os escravos tivessem filhos, mas a mãe de Moisés o manteve a salvo. Ela colocou Moisés em um cesto e o colocou no rio Nilo. Ela o escondeu atrás de folhas. Míriam, sua irmã, observou-o atentamente.

Uma das filhas do Faraó foi ao rio. Ela viu Moisés e o pegou. Míriam viu o que estava acontecendo. Ela correu para a filha do Faraó e perguntou: "Gostaria que eu arranjasse uma mulher para cuidar do bebê?". A filha do Faraó disse que sim.

Míriam correu para buscar sua mãe e a levou para a princesa. A filha do Faraó entregou o bebê Moisés à sua própria mãe. A mãe de Moisés o levou para casa. Quando Moisés tinha idade suficiente, ela o levou para a filha do Faraó, que o adotou e o criou na casa do Faraó.

Querido Deus, obrigado pelas pessoas que me mantêm a salvo. Amém.

47

O arbusto em chamas ÊXODO 2:11–3:22

Moisés cresceu. Ele viu como os egípcios tratavam os israelitas como escravos. Moisés não gostou da maneira como os egípcios estavam machucando os israelitas — o povo de Moisés. Moisés ficou bravo e feriu um egípcio, então fugiu para Midiã. Lá, ele se casou e teve uma família. Ele era pastor e cuidava de ovelhas.

Um dia Moisés estava cuidando das ovelhas quando Deus apareceu a Moisés como fogo em um arbusto. Moisés via as chamas, mas elas não queimavam o arbusto. Então, do meio das chamas, Deus o chamou: "Eu sou Deus. Eu vi meu povo e ouvi seus gritos. Eu vim para resgatá-los. Estou enviando você para libertar meu povo". Moisés questionou: "Quem sou eu para fazer isso?".

"Eu estarei com você, Moisés", disse Deus. "Você irá ao faraó e dirá a ele para libertar os israelitas."

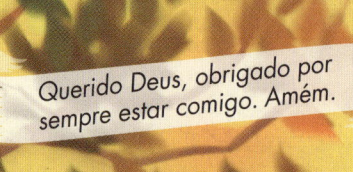

Querido Deus, obrigado por sempre estar comigo. Amém.

49

Moisés e Faraó ÊXODO 5:1–13:9

Moisés pediu a Deus ajuda para falar com o Faraó, então Deus sugeriu que Moisés pedisse a seu irmão, Arão, para ajudá-lo. Moisés e Arão foram ver o Faraó. Eles disseram: "Deus nos enviou para dizer a você que deixe o nosso povo ir!".

O Faraó era teimoso e se recusou a deixar o povo ir. Para forçar o Faraó a libertar os israelitas, Deus enviou nove pragas ao Egito. Cada praga era pior do que a anterior, mas o Faraó ainda assim não deixava o povo livre. Então, Deus enviou a décima praga.

Foi um dia triste quando o primogênito de cada família egípcia morreu. Isso partiu o coração do Faraó. E ele finalmente disse: "Vão!". Os israelitas estavam livres.

E o povo de Deus estava de partida.

Querido Deus, ajude-me a defender o que for certo. Amém.

Querido Deus, obrigado por sempre estar comigo. Amém.

Atravessando o mar ÊXODO 13:17–14:31

Os israelitas estavam tão felizes! O Faraó disse que eles poderiam ir. Eles arrumaram todas as suas coisas e foram em direção à nova terra que Deus lhes tinha prometido. Mas o Faraó mudou de ideia e queria que as pessoas voltassem. Ele então enviou seu exército para capturá-las.

O povo de Deus chegou ao mar Vermelho. Como eles atravessariam para o outro lado? Eles ficaram com medo, pois o exército de Faraó estava atrás deles e a água na frente deles.

"Não tenham medo", disse Moisés. "Deus nos ajudará."

Deus enviou um forte vento para soprar a água para os lados e abrir um caminho pelo mar. Assim, o povo de Deus atravessou em terra firme. Eles estavam seguros. O exército de Faraó não podia mais persegui-los.

Cânticos de alegria ÊXODO 15:1-21

Míriam, irmã de Moisés, cantou: "Cantem ao Senhor!". Ela estava feliz! O povo de Deus estava feliz! Deus os ajudou a atravessar o mar Vermelho. Agora o povo estava seguro.

Míriam ficou tão feliz que queria cantar e dançar! Ela queria agradecer a Deus por cuidar deles.

Míriam cantou: "Cantem ao Senhor!" e tocou música com seu pandeiro.

Então Míriam e todas as suas amigas tocaram seus pandeiros enquanto cantavam juntas: "Cantem ao Senhor!".

Querido Deus, obrigado por todas as razões que temos para celebrar. Amém.

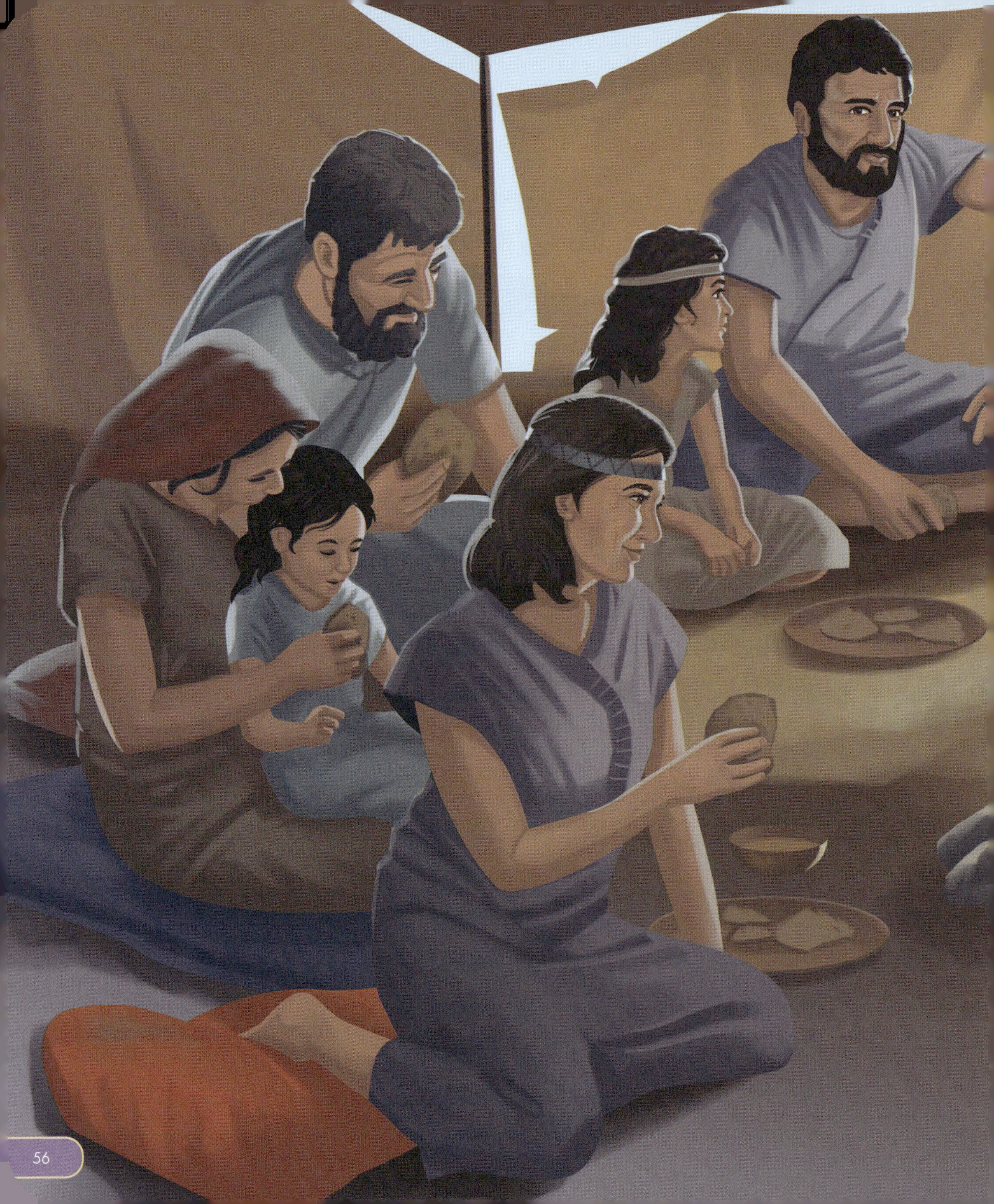

No deserto ÊXODO 15:22–17:7

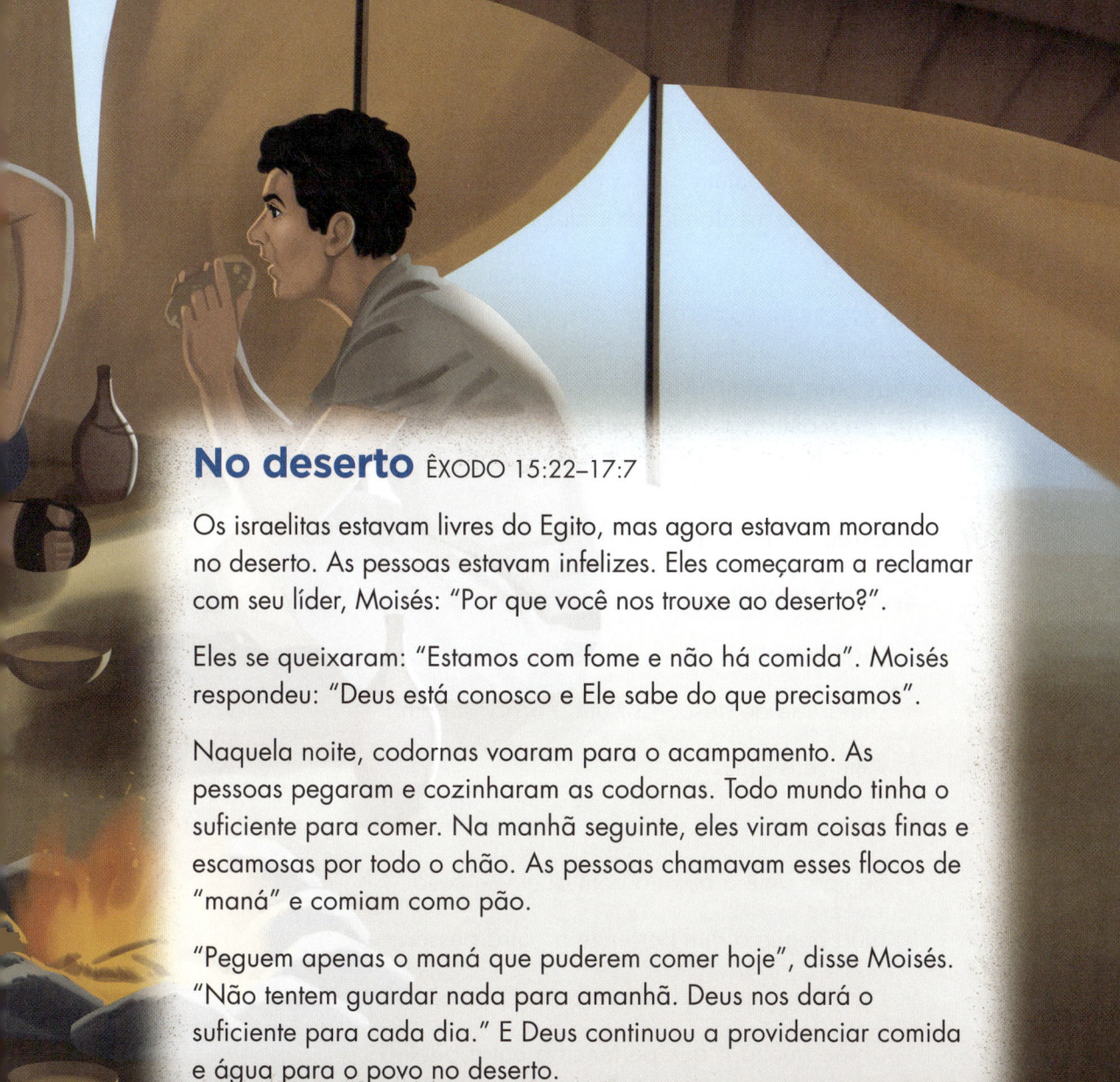

Os israelitas estavam livres do Egito, mas agora estavam morando no deserto. As pessoas estavam infelizes. Eles começaram a reclamar com seu líder, Moisés: "Por que você nos trouxe ao deserto?".

Eles se queixaram: "Estamos com fome e não há comida". Moisés respondeu: "Deus está conosco e Ele sabe do que precisamos".

Naquela noite, codornas voaram para o acampamento. As pessoas pegaram e cozinharam as codornas. Todo mundo tinha o suficiente para comer. Na manhã seguinte, eles viram coisas finas e escamosas por todo o chão. As pessoas chamavam esses flocos de "maná" e comiam como pão.

"Peguem apenas o maná que puderem comer hoje", disse Moisés. "Não tentem guardar nada para amanhã. Deus nos dará o suficiente para cada dia." E Deus continuou a providenciar comida e água para o povo no deserto.

Querido Deus, obrigado por me ouvir quando eu me queixo. Amém.

Os Dez Mandamentos ÊXODO 19:1–20:21

Moisés e o povo continuaram a andar pelo deserto. Um dia eles chegaram a uma montanha alta. Eles armaram suas tendas no pé da montanha.

"Quero que as pessoas saibam que eu sou o Deus delas", disse Deus a Moisés. "Venha para o topo da montanha. Vou lhe dar leis especiais para ajudar as pessoas a viverem juntas." Moisés subiu no topo da montanha enquanto todo o povo esperava lá embaixo.

Então Deus falou estas palavras:

1. Existe apenas um Deus.
2. Adore apenas a Deus.
3. Diga sempre o nome de Deus com amor.
4. Lembre-se de descansar um dia por semana.
5. Ame seus pais.
6. Não mate.
7. Sempre ame a pessoa com quem se casa.
8. Não pegue o que pertence a outra pessoa.
9. Não conte mentiras sobre outras pessoas.
10. Não queira o que pertence a outra pessoa.

Então Moisés desceu da montanha, e o povo ouviu as leis de Deus através dele.

Querido Deus, ajude-me a viver da forma como o Senhor deseja. Amém.

Uma casa para Deus ÊXODO 25:1–31:18; 35:4–40:38

"Moisés", disse Deus, "quero que o povo construa um lugar especial para me adorar."

Todos tinham um trabalho especial a fazer. Algumas pessoas eram construtoras, outras podiam costurar, outras traziam especiarias cheirosas e outras traziam ouro e prata para decorar.

Deus lhes disse para fazer uma caixa de ouro especial chamada Arca da aliança. Eles colocaram os Dez Mandamentos dentro dessa caixa.

O local de culto era chamado Tabernáculo. Era como uma tenda muito grande. Toda vez que as pessoas se mudavam para um novo lugar, levavam o Tabernáculo com elas. O local de culto lembrava ao povo de que Deus estava presente com eles.

Querido Deus, obrigado pelos lugares especiais para adorá-lo. Amém.

Deus escolhe Josué JOSUÉ 1:1-9

Moisés havia liderado o povo no deserto por mais de 40 anos. O povo estava pronto para seguir e chegar à Terra Prometida. Moisés estava diante do povo. Ele lhes disse que Deus tinha escolhido um novo líder para guiar as pessoas até lá. "Sou seu líder há muitos e muitos anos", disse Moisés ao povo. "Vocês precisam de um novo líder, e Deus escolheu Josué."

"Seja corajoso e forte", disse Moisés a Josué. Moisés ensinou a Josué como ser um bom líder.

Depois que Moisés morreu, Deus falou com Josué: "Prepare-se para entrar na nova terra. Vou ajudá-lo, como ajudei Moisés".

"Seja forte e corajoso", disse Deus. "Obedeça às coisas que Moisés lhe ensinou. Não tenha medo. Estarei com você onde quer que você vá."

Querido Deus, ajude-me a ser forte e corajoso. Amém.

63

Raabe JOSUÉ 2:1-24

Na Terra Prometida, havia uma cidade chamada Jericó cercada por um muro. Josué queria saber mais sobre a cidade, então enviou dois homens para espionar Jericó.

Os dois homens entraram em Jericó escondidos. Eles encontraram uma casa "construída na muralha da cidade". Essa casa pertencia a uma mulher chamada Raabe. Os homens foram à casa de Raabe, e ela contou-lhes sobre Jericó.

Quando o rei de Jericó soube que os homens conversavam com Raabe, ele enviou guardas para a casa dela. Raabe escondeu os homens em seu terraço. Ela os cobriu com feixes de linho. Quando os guardas revistaram a casa dela, não encontraram os homens.

Depois que os guardas foram embora, Raabe ajudou os homens a saírem de Jericó. Antes de partirem, Raabe pediu aos homens que protegessem ela e a sua família. "Amarre uma corda vermelha na sua janela", disseram os homens. "Então saberemos qual é sua casa. Nós ajudaremos você porque você nos ajudou." Os espiões deixaram Jericó e contaram a Josué sobre a cidade.

Querido Deus, obrigado por amigos inesperados. Amém.

65

Atravessando o Jordão JOSUÉ 3:1–4:24

Todos estavam animados. As pessoas estavam finalmente se mudando para a nova terra. Os sacerdotes lideravam o caminho, carregando a arca que continha os Dez Mandamentos. Todos seguiam os sacerdotes até chegarem ao rio Jordão, então todos pararam. As águas do rio transbordavam, e estava muito fundo para o povo atravessar.

"Confiem em Deus", disse Josué ao povo. "Sei que Deus fará coisas maravilhosas por nós." Josué disse aos sacerdotes para entrarem no rio. Assim que os pés deles tocaram a água, um caminho seco apareceu. Todas as pessoas atravessaram o rio em terra firme.

Josué disse a 12 homens que cada um pegasse uma pedra ao atravessar o rio. Josué usou as pedras para construir um monumento. "O monumento nos ajudará a lembrar como Deus nos ajudou a atravessar o rio", disse Josué.

Querido Deus, ajude-me a lembrar de todas as maneiras que o Senhor me mostrou que me ama. Amém.

68

Jericó JOSUÉ 6:1-27

"Que muro enorme!", disseram as pessoas. "Cerca toda a cidade. Como vamos entrar em Jericó?" "Deus tem um plano", disse Josué. "Nós devemos fazer o que Deus nos diz."

Foi o que as pessoas fizeram. Os soldados e sete sacerdotes com trombetas vieram e se alinharam. Os sacerdotes caminharam na frente da arca sagrada. Mais soldados seguiram, fazendo um enorme desfile. Durante seis dias, eles marcharam ao redor da muralha uma vez ao dia.

Porém, no sétimo dia, Deus ordenou ao povo que dessem sete voltas ao redor da muralha. Todos deveriam marchar em silêncio até Josué ordenar que gritassem. Quando as pessoas completaram a sétima volta ao redor do muro, os sacerdotes tocaram as trombetas. Então Josué disse: "Gritem!". O povo gritou e a muralha de Jericó desmoronou.

Querido Deus, ajude-me a ouvir Suas instruções para amar meu próximo. Amém.

Josué escolhe Deus JOSUÉ 24:14,15,25-28

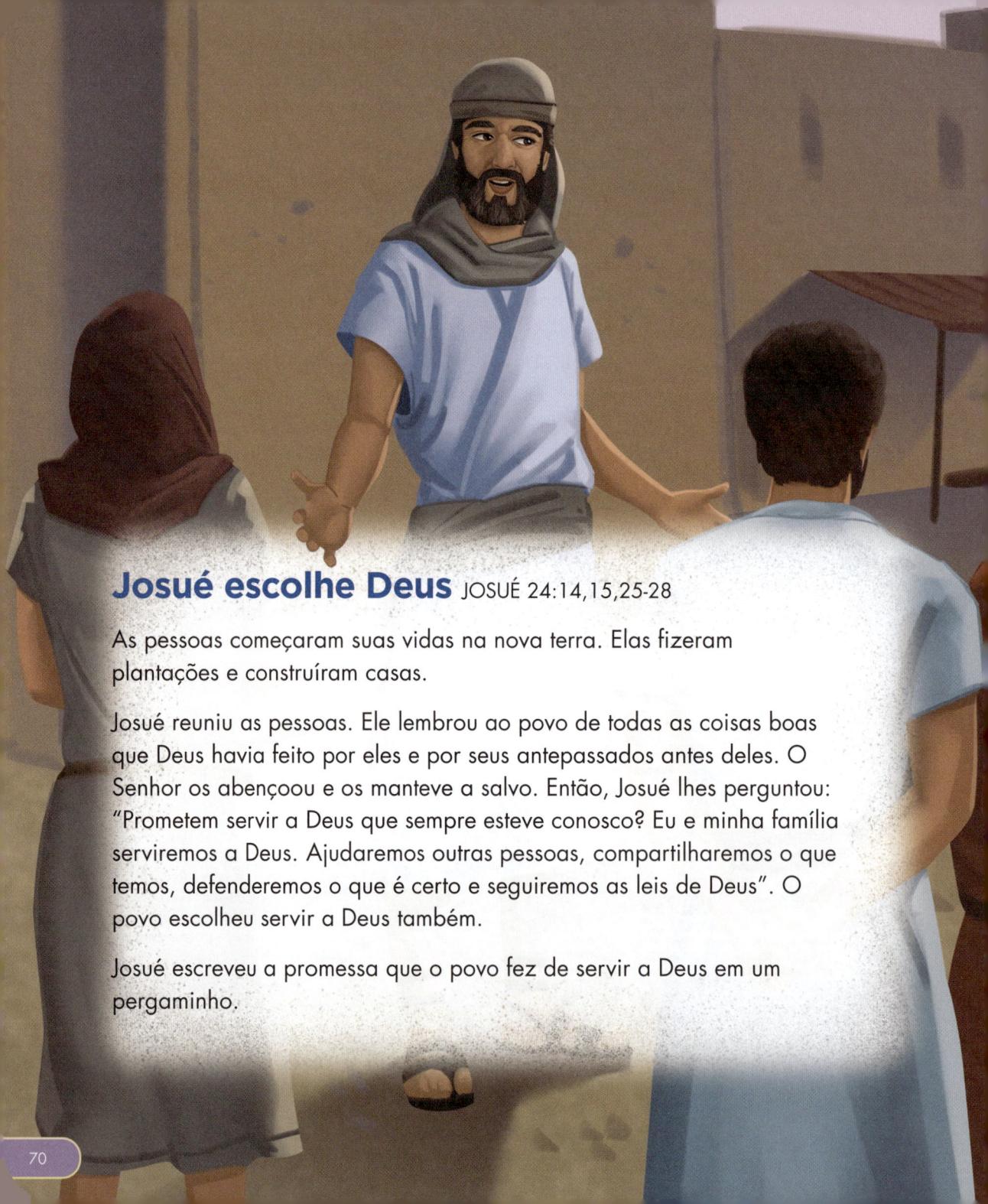

As pessoas começaram suas vidas na nova terra. Elas fizeram plantações e construíram casas.

Josué reuniu as pessoas. Ele lembrou ao povo de todas as coisas boas que Deus havia feito por eles e por seus antepassados antes deles. O Senhor os abençoou e os manteve a salvo. Então, Josué lhes perguntou: "Prometem servir a Deus que sempre esteve conosco? Eu e minha família serviremos a Deus. Ajudaremos outras pessoas, compartilharemos o que temos, defenderemos o que é certo e seguiremos as leis de Deus". O povo escolheu servir a Deus também.

Josué escreveu a promessa que o povo fez de servir a Deus em um pergaminho.

Querido Deus, eu escolho servir ao Senhor também. Amém.

72

Rute, Parte 1 RUTE 1:1-22

Noemi, seu marido e seus dois filhos moravam em Belém. Havia escassez, o que significa que não havia comida suficiente para todos. As pessoas estavam passando fome e muitas tiveram que sair de casa para encontrar comida. Noemi e sua família se mudaram para um novo país, Moabe, em busca de alimento.

Enquanto estavam em Moabe, o marido de Noemi morreu. Ela ficou triste. Então Rute e Orfa se casaram com os filhos de Noemi. Isso deixou Noemi muito feliz até a morte de seus filhos. As três mulheres ficaram muito tristes. Noemi, então, decidiu voltar para sua família em Belém, mas falou para Rute e Orfa ficarem em Moabe com suas famílias.

Orfa voltou para sua família, mas Rute não deixou Noemi. Rute disse a sua sogra: "Onde a senhora for, eu irei. E o seu Deus será o meu Deus". Logo, Noemi e Rute estavam a caminho de Belém.

Querido Deus, obrigado pelos membros das famílias que cuidam uns dos outros. Amém.

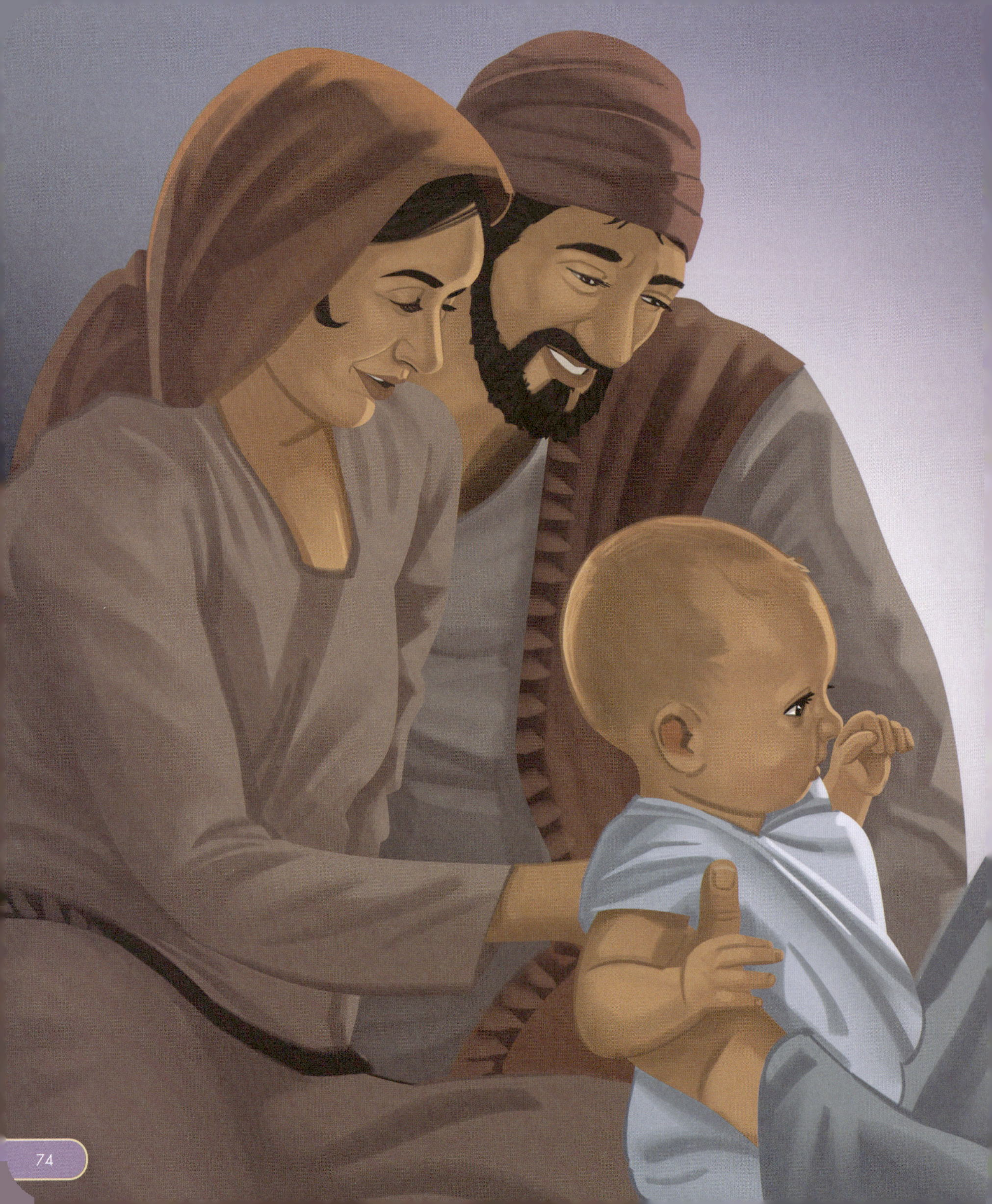

Rute, parte 2 RUTE 2:1–4:22

Quando chegaram à cidade natal de Noemi, Belém, Rute e Noemi tiveram que encontrar uma maneira de cuidar uma da outra. Rute poderia ir a um campo próximo e colher grãos sobrassem no chão. Elas poderiam usar o grão para fazer pão.

Rute foi a um campo e trabalhou duro para colher qualquer grão que encontrasse no chão. O campo pertencia a um homem chamado Boaz. Ele soube que Rute estava cuidando de Noemi. Ele gostava de Rute e gostava da maneira como ela se importava com a sogra. Ele ofereceu a Rute mais grãos, água, pão e segurança. Rute ficou surpresa com a bondade de Boaz.

Boaz casou-se com Rute e logo eles tiveram um bebê. O nome do bebê era Obede, mas as pessoas o chamavam de "menino de Noemi". Obede seria, mais tarde, o avô do rei Davi.

Querido Deus, ajuda-me a demonstrar amor a todas as pessoas, sem importar de onde elas sejam, assim como Boaz fez. Amém.

Ana ora 1 SAMUEL 1:1-28

Ana e seu marido viajaram para ir ao Templo a fim de adorar a Deus. Enquanto estava lá, Ana decidiu orar. Ela estava muito triste porque não tinha filhos. "Querido Deus, estou tão triste. Eu quero um bebê mais do que qualquer coisa. Por favor, dê-me um menino para amar e cuidar." Ana orou com seu coração, seu corpo, seus lábios, sua respiração e com todas as suas forças. Ela sabia que Deus ouviria suas orações.

Ana não sabia que Eli, o sacerdote do Templo, a estava observando. Eli disse a Ana: "Vá em paz. Eu oro para que Deus responda suas orações".

Ana e sua família voltaram para casa. A oração dela foi logo respondida. Ana teve um bebê e o chamou de Samuel. Ana criou Samuel para amar e servir a Deus por toda a sua vida.

Querido Deus, obrigado por ouvir as minhas orações. Às vezes eu não recebo o que quero, mas o Senhor está sempre comigo. Amém.

77

Deus chama Samuel 1 SAMUEL 3:1-21

Uma voz chamou à noite: "Samuel, Samuel!". Samuel acordou e pensou: O sacerdote Eli está me chamando. Ele foi para onde Eli estava dormindo e disse: "Eli, eu estou aqui".

"Eu não chamei você", disse Eli. "Volte para a cama." E Samuel obedeceu.

"Samuel, Samuel!", a voz chamou novamente. Ele acordou e foi para onde Eli estava dormindo. "Eli, ouvi você me chamar", disse ele.

"Eu não chamei você", disse Eli. "Volte para a cama." Samuel deitou-se e voltou a dormir.

"Samuel, Samuel!", a voz chamou uma terceira vez. "Eli, eu sei que você me chamou dessa vez", disse Samuel.

"Não", disse Eli, "eu não chamei você. O que você está ouvindo é Deus chamá-lo. Volte para a cama. Se você ouvir a voz novamente, diga: 'Fale, Senhor. Seu servo está ouvindo'".

Então, Samuel voltou para a cama. "Samuel, Samuel!", Deus chamou Samuel. Dessa vez, Samuel sabia que era Deus quem o chamava e respondeu: "Fale, Senhor. Seu servo está ouvindo". E ele ouviu a Deus.

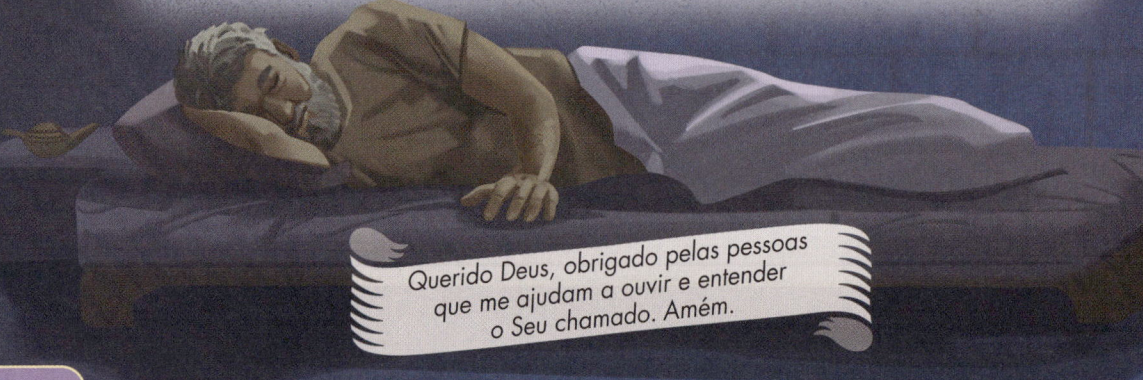

Querido Deus, obrigado pelas pessoas que me ajudam a ouvir e entender o Seu chamado. Amém.

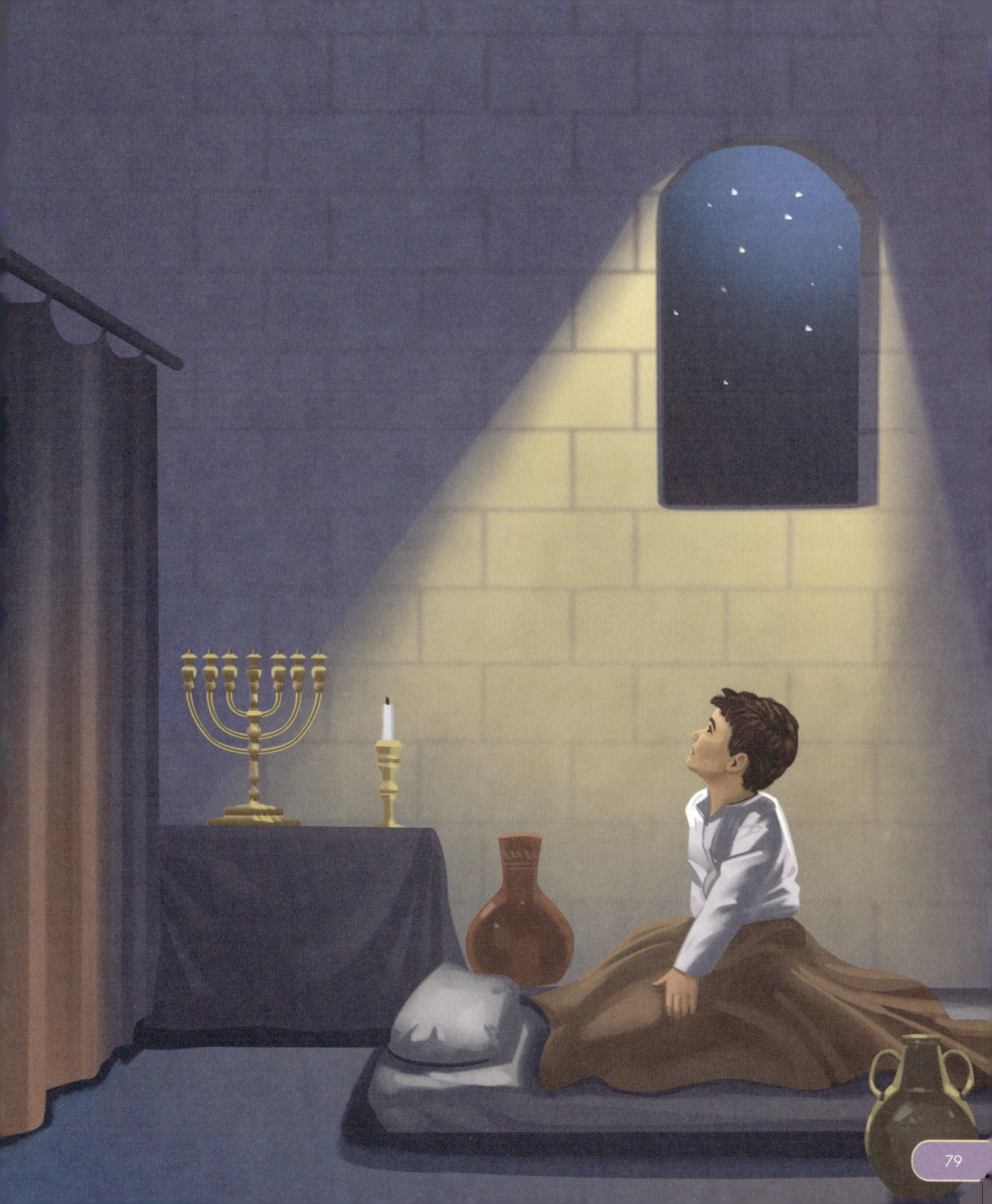

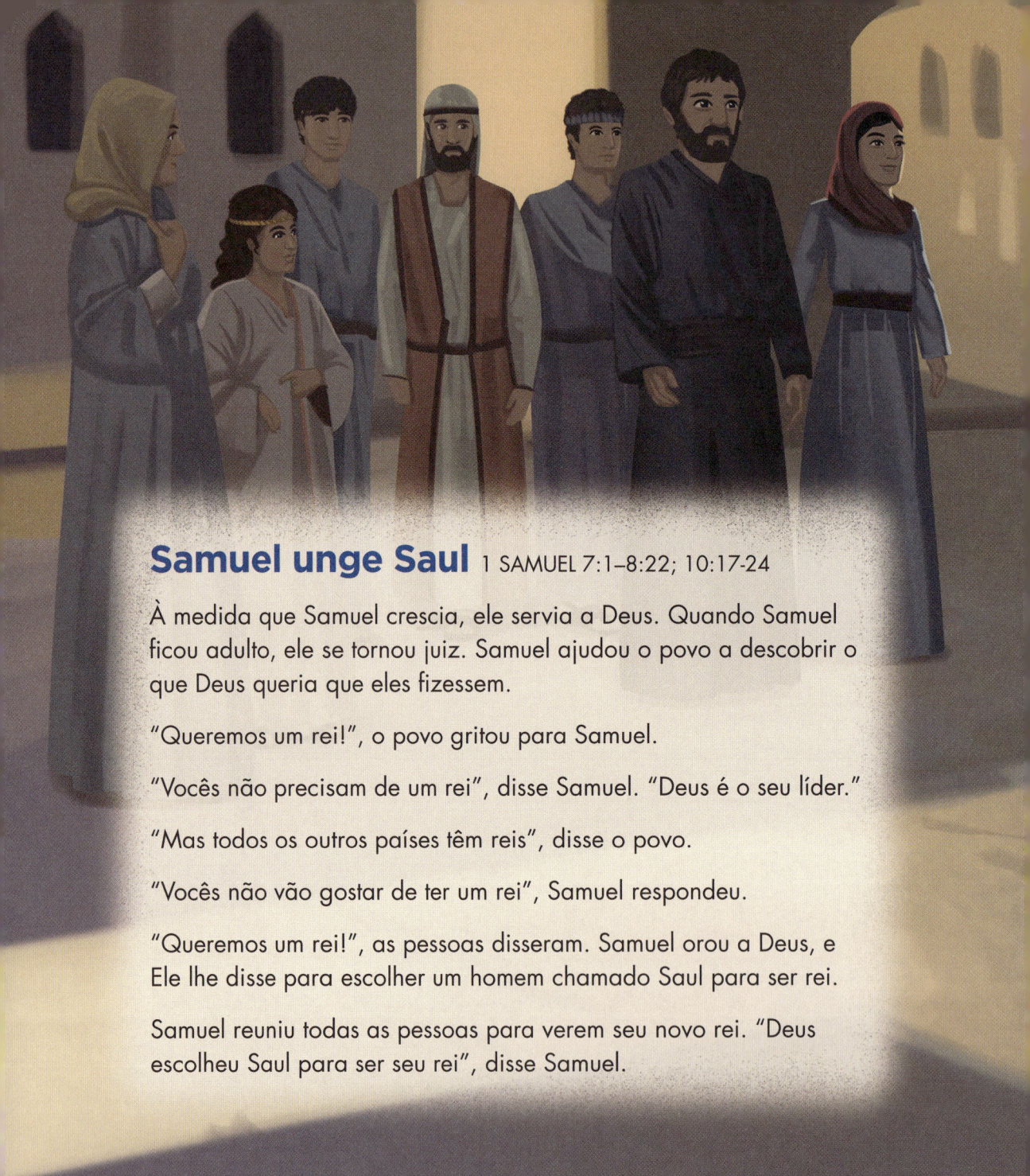

Samuel unge Saul 1 SAMUEL 7:1–8:22; 10:17-24

À medida que Samuel crescia, ele servia a Deus. Quando Samuel ficou adulto, ele se tornou juiz. Samuel ajudou o povo a descobrir o que Deus queria que eles fizessem.

"Queremos um rei!", o povo gritou para Samuel.

"Vocês não precisam de um rei", disse Samuel. "Deus é o seu líder."

"Mas todos os outros países têm reis", disse o povo.

"Vocês não vão gostar de ter um rei", Samuel respondeu.

"Queremos um rei!", as pessoas disseram. Samuel orou a Deus, e Ele lhe disse para escolher um homem chamado Saul para ser rei.

Samuel reuniu todas as pessoas para verem seu novo rei. "Deus escolheu Saul para ser seu rei", disse Samuel.

Querido Deus, ajude-me a escolher bem os líderes que vou seguir. Amém.

Samuel unge Davi 1 SAMUEL 16:1-13

Saul desobedeceu a Deus, então Deus escolheu o novo rei entre os filhos de Jessé e enviou Samuel para encontrá-lo.

Samuel conheceu os filhos de Jessé. Ele pensou que o filho mais velho, Eliabe, parecia alguém que seria o próximo rei. Mas Deus disse a Samuel: "Não olhe para a aparência dele. Ele não é o novo rei. As pessoas veem apenas o exterior. Eu olho para o coração e o caráter delas".

Jessé apresentou cada um de seus filhos, mas Deus disse não a todos eles. "Estes são todos os seus filhos?", Samuel perguntou a Jessé.

"O caçula está cuidando das ovelhas", disse Jessé.

"Por favor, chame-o", disse Samuel. O filho mais novo, Davi, chegou do pastoreio. E Deus disse: "Este é o escolhido".

Samuel pegou o óleo e ungiu Davi para ser o próximo rei.

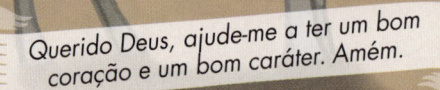

Querido Deus, ajude-me a ter um bom coração e um bom caráter. Amém.

83

Davi, o músico 1 SAMUEL 16:14-23

O rei Saul teve pesadelos e pensamentos ruins. Isso o deixou com raiva. Ele queria se sentir melhor. "Encontre um músico para mim!", o rei Saul esbravejou.

"Ouvi dizer que um dos filhos de Jessé é um bom músico. E ele também ama a Deus", disse um servo. "Eu vou buscá-lo."

O criado foi à casa de Jessé. "Olá, Jessé. O rei Saul quer que seu filho, o músico, venha tocar para ele."

"Davi!", o pai chamou. Jessé contou a Davi sobre o rei Saul. Davi pegou sua lira e foi com o servo.

Quando Davi tocou para o rei, Saul se sentiu melhor. Sempre que o rei Saul começava a ficar chateado, Davi pegava sua lira e tocava uma música bonita para ele. Assim, o rei Saul sempre se sentia melhor.

Querido Deus, ajude-me a usar meus talentos para tornar Seu mundo um lugar melhor para se viver. Amém.

85

Davi e Golias 1 SAMUEL 17:1-51

Golias gritou: "Quem lutará comigo?". Ele tinha quase 3m de altura, e todos no exército de Saul tinham medo dele. O exército não sabia o que fazer.

Os três irmãos mais velhos de Davi estavam no exército de Saul. "Davi, vá ver os seus irmãos. Descubra o que está acontecendo", disse Jessé.

Quando Davi chegou ao acampamento, viu Golias. "Todos vocês têm medo de lutar comigo?", gritou Golias.

"Não tenho medo", bradou Davi. "Eu lutarei contra Golias. Deus estará comigo", disse Davi. Ele pegou sua funda, escolheu cinco pedras lisas e foi ao encontro de Golias.

"Eu não tenho medo de você, Golias. Eu sei que Deus está comigo", bradou Davi. Ele colocou uma pedra em sua funda e arremessou-a em Golias. A pedra entrou na testa de Golias, e ele caiu de cara no chão.

Querido Deus, obrigado por sempre estar comigo. Amém.

87

Davi e Jônatas 1 SAMUEL 18:1-5; 20:1-42

Davi e Jônatas, filho do rei Saul, eram melhores amigos. Jônatas gostava tanto de Davi que deu a ele seu manto, sua espada, seu arco e seu cinto. "Sempre seremos amigos", disse Jônatas. "Sim", prometeu Davi, "seremos sempre amigos".

Enquanto isso, o rei Saul temia que as pessoas gostassem mais de Davi do que dele. O rei Saul ficou muito zangado, e Davi estava com medo dele. Davi disse a Jônatas que temia que o rei Saul o machucasse, e eles elaboraram um plano para descobrir.

Jônatas foi ver Saul. Quando Jônatas falou sobre Davi, o rei Saul ficou com raiva! Jônatas sabia que Davi tinha razão — seu pai queria machucar o seu amigo. Jônatas aconselhou Davi a fugir, e ele sabia que deveria fugir para longe do rei. Embora Davi tivesse que fugir do rei, Davi e Jônatas mantiveram a promessa de sempre serem amigos.

Querido Deus, obrigado pelos amigos. Amém.

89

Davi dança 2 SAMUEL 6:1-19

Quando adulto, Davi se tornou rei. Ele queria reunir as tribos do norte e do sul de Israel. Então, o rei Davi decidiu fazer isso trazendo a arca de Deus para a cidade de Jerusalém. O rei Davi ficou muito feliz por poder trazer a arca especial de Deus para casa. Ele planejou uma grande passeata para que todos pudessem ver a arca da Aliança.

"Louvem a Deus!", gritou o rei Davi. Muitas pessoas se juntaram a ele nessa celebração. Algumas pessoas tocavam trombetas. Algumas pessoas tocavam harpas. Outras pessoas cantaram para louvar a Deus, e o rei Davi louvou a Deus dançando!

A passeata terminou quando a arca de Deus chegou à cidade. "Deus abençoe vocês", disse o rei Davi ao povo. "Lembrem-se de que Deus estará com vocês a vida toda."

Querido Deus, obrigado pelos tempos de celebração. Amém.

92

Salomão se torna rei 1 REIS 2:1-4; 3:1-15

O rei Davi estava muito idoso e era hora de escolher um novo rei. Ele queria que seu filho Salomão ficasse em seu lugar. Depois que o rei Davi morreu, Salomão se tornou rei.

Uma noite, enquanto Salomão dormia, Deus falou com ele em um sonho. Deus disse: "Salomão, peça-me o que quiser".

Salomão orou: "O Senhor foi bom comigo e me fez o rei de Israel. Sou jovem e preciso da Sua ajuda. Por favor, me dê sabedoria para separar o certo do errado, para que eu possa ser um bom rei".

Deus ficou muito feliz por Salomão ter pedido sabedoria. E respondeu a ele: "Eu lhe darei sabedoria e o abençoarei".

Querido Deus, por favor me dê sabedoria para saber o que é certo e o que é errado. Amém.

Salomão e o Templo 1 REIS 6:1-38; 8:1-66

O rei Salomão construiu o Templo, um lugar especial onde o povo poderia ir para adorar a Deus. O povo trabalhou por sete anos para construir o Templo. Ficou lindo!

Depois que o Templo estava pronto, Salomão reuniu todas as pessoas. Os sacerdotes levaram a arca de Deus ao Templo. Salomão ficou de pé na frente do povo e disse: "Lembrem-se de todas as coisas maravilhosas que Deus fez. Lembrem-se de que Deus está sempre conosco".

Querido Deus, obrigado pelos lugares especiais onde eu posso adorá-lo com a minha família da fé, a igreja. Amém.

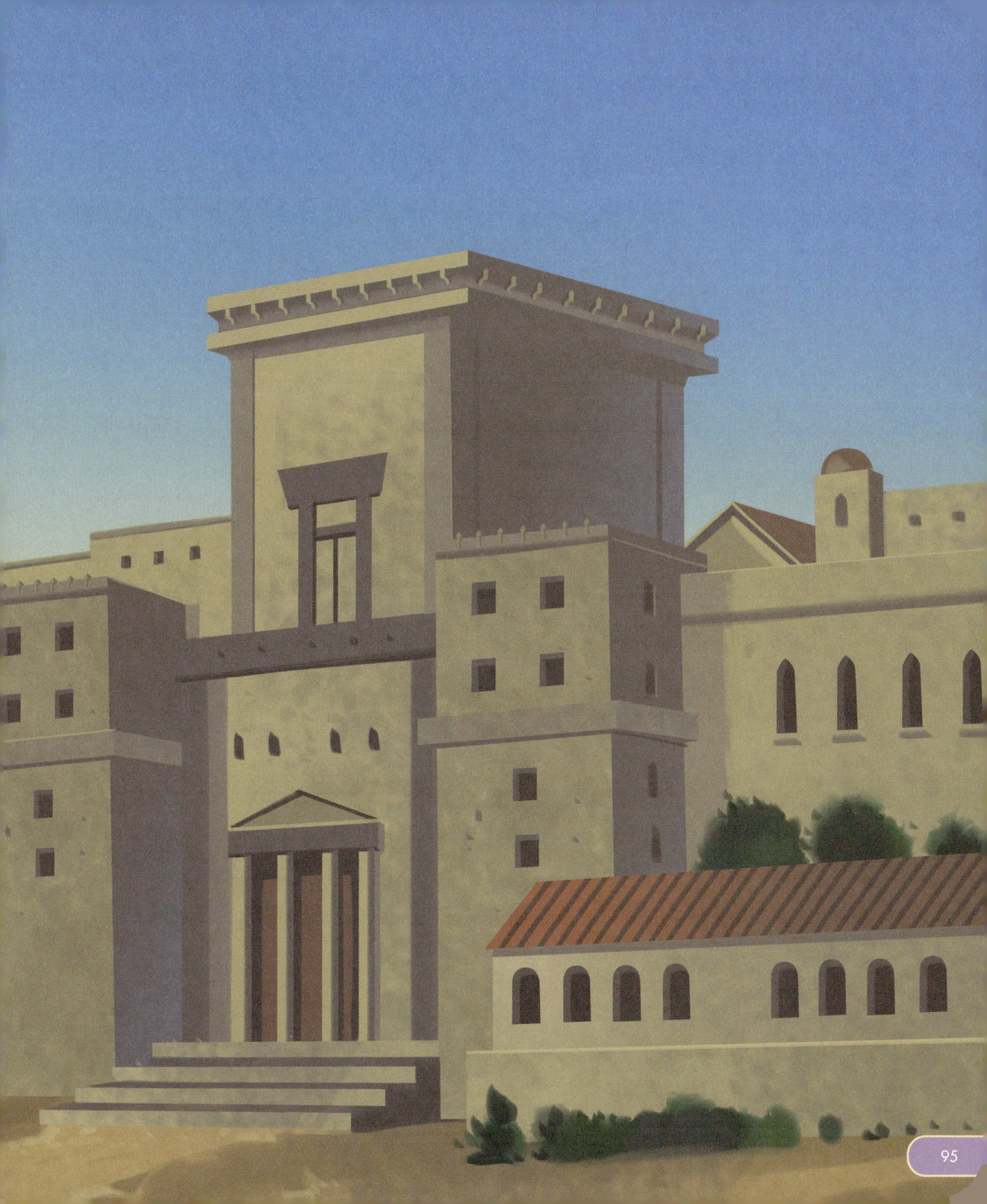

Elias e os corvos 1 REIS 16:29,30; 17:1-7

Havia um profeta chamado Elias. Um profeta fala quando as coisas são injustas e ajuda as pessoas a saberem o que Deus quer que elas façam.

Elias avisou o rei Acabe que não haveria água ou comida por muito tempo. Mas o rei não quis ouvir Elias, e esse profeta teve que se esconder dele.

Logo, parou de chover e os riachos secaram. Não havia água para beber nem comida para comer. Deus ajudou Elias a encontrar água. Deus enviou corvos para lhe trazerem comida.

Querido Deus, ajude-me a defender o que é certo, como Elias fez. Amém.

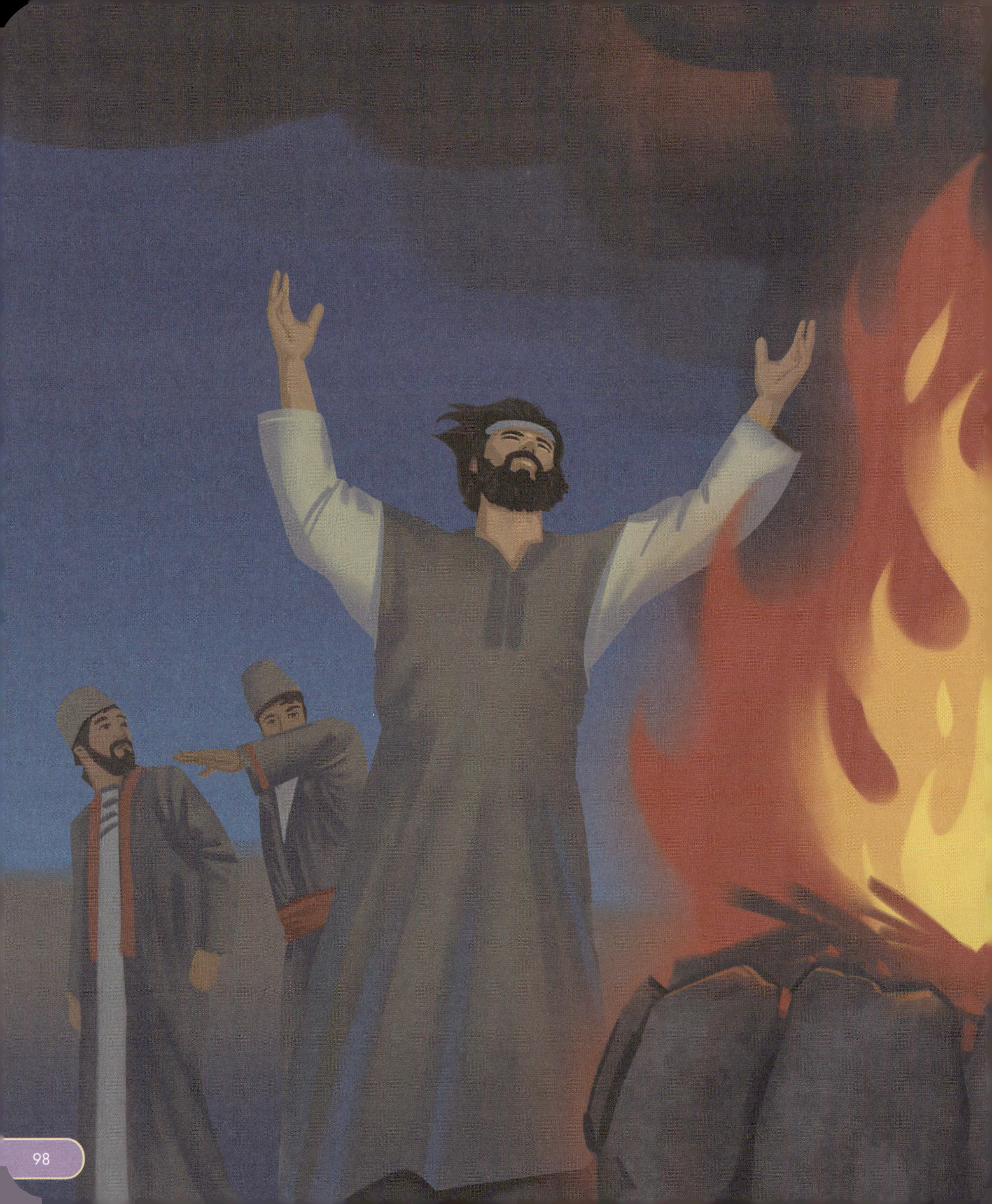

Elias e os profetas de Baal 1 REIS 18:20-39

Deus disse a Elias para falar com o rei, e assim ele fez. Elias foi ao rei Acabe e disse: "Você errou ao adorar Baal em vez de Deus. Reúna todos os profetas de Baal para me encontrar na montanha".

Elias encontrou o povo na montanha. Ele disse: "Vamos oferecer sacrifícios a Deus e a Baal. O deus que responder com fogo é o Deus verdadeiro". Os profetas de Baal prepararam o sacrifício ao seu deus. Eles chamaram Baal para mandar fogo sobre o sacrifício deles, mas nada aconteceu.

Então, Elias levantou o altar, preparou o sacrifício para Deus, depois derramou muita água no sacrifício e no altar. Elias orou a Deus, pedindo ao Senhor para que enviasse fogo. Então, desceu fogo do céu e queimou todo o sacrifício e o altar! Assim, todos creram em Deus.

Querido Deus, ajude-me a confiar no Senhor. Amém.

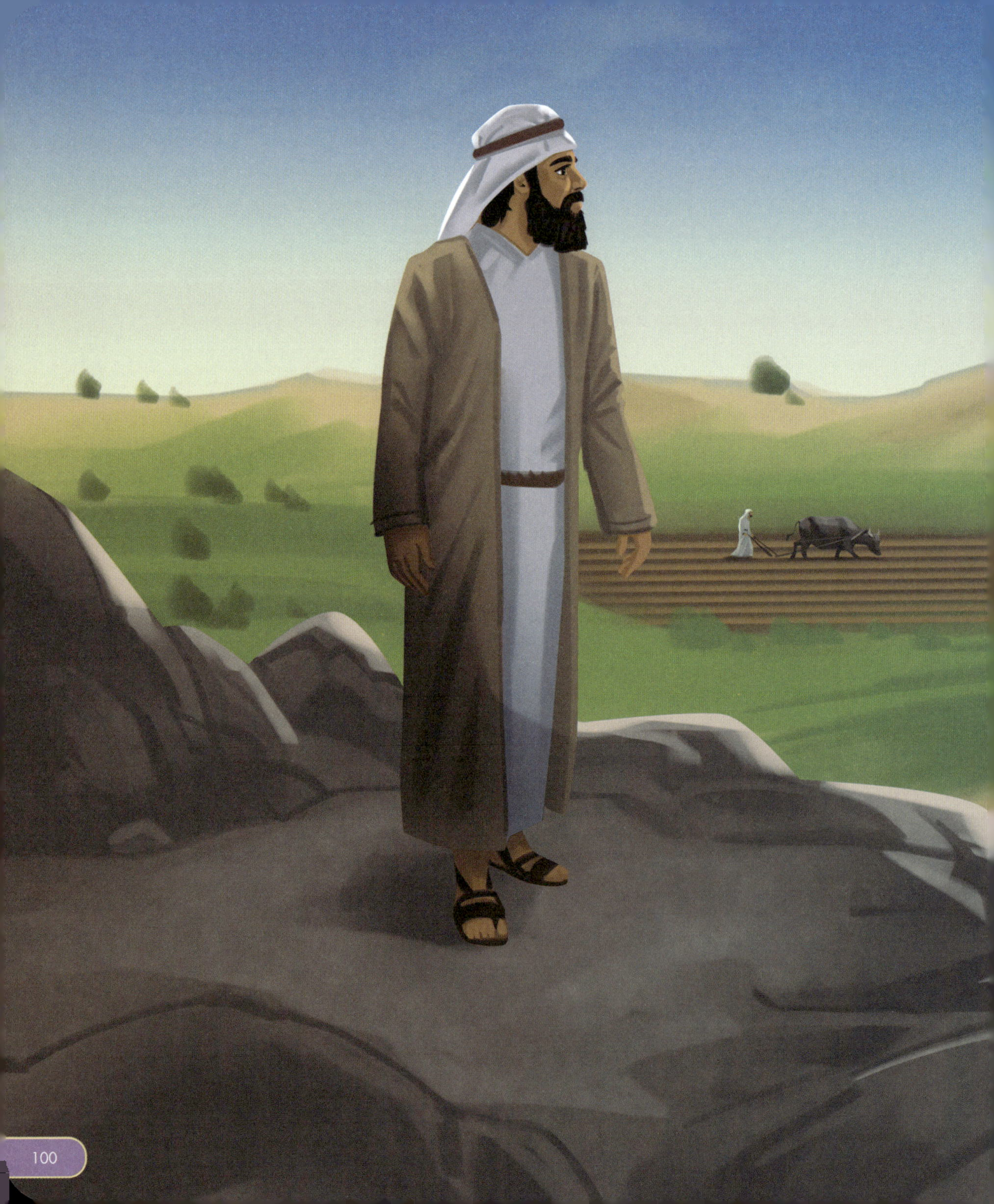

Elias e Eliseu 1 REIS 19:1-21

Jezabel ficou zangada com Elias por provar ao povo que Deus era o verdadeiro Deus. Elias estava com medo de que ela o machucasse, então fugiu. Deus cuidou de Elias, e ele encontrou uma caverna.

Deus veio a Elias e perguntou-lhe por que ele havia fugido. "Eu o amo, Deus, e quero que todas as pessoas amem o Senhor. Mas sou o único profeta que resta e tenho medo." Deus disse a Elias que se levantasse quando Deus passasse por ele. Um vento forte soprou, mas Deus não estava no vento. Um terremoto estremeceu o lugar, mas Deus não estava no terremoto. Um fogo queimou, mas Deus não estava no fogo. Depois houve um suave sussurro. Então Deus disse a Elias: "Você deve ungir dois reis e encontrar Eliseu. Ele será o próximo profeta".

Elias saiu da caverna e encontrou Eliseu. Eliseu se tornou o próximo profeta de Deus.

Querido Deus, às vezes o Senhor é grande e poderoso. Às vezes, tranquilo e suave. Ajude-me a vê-lo em todas as coisas. Amém.

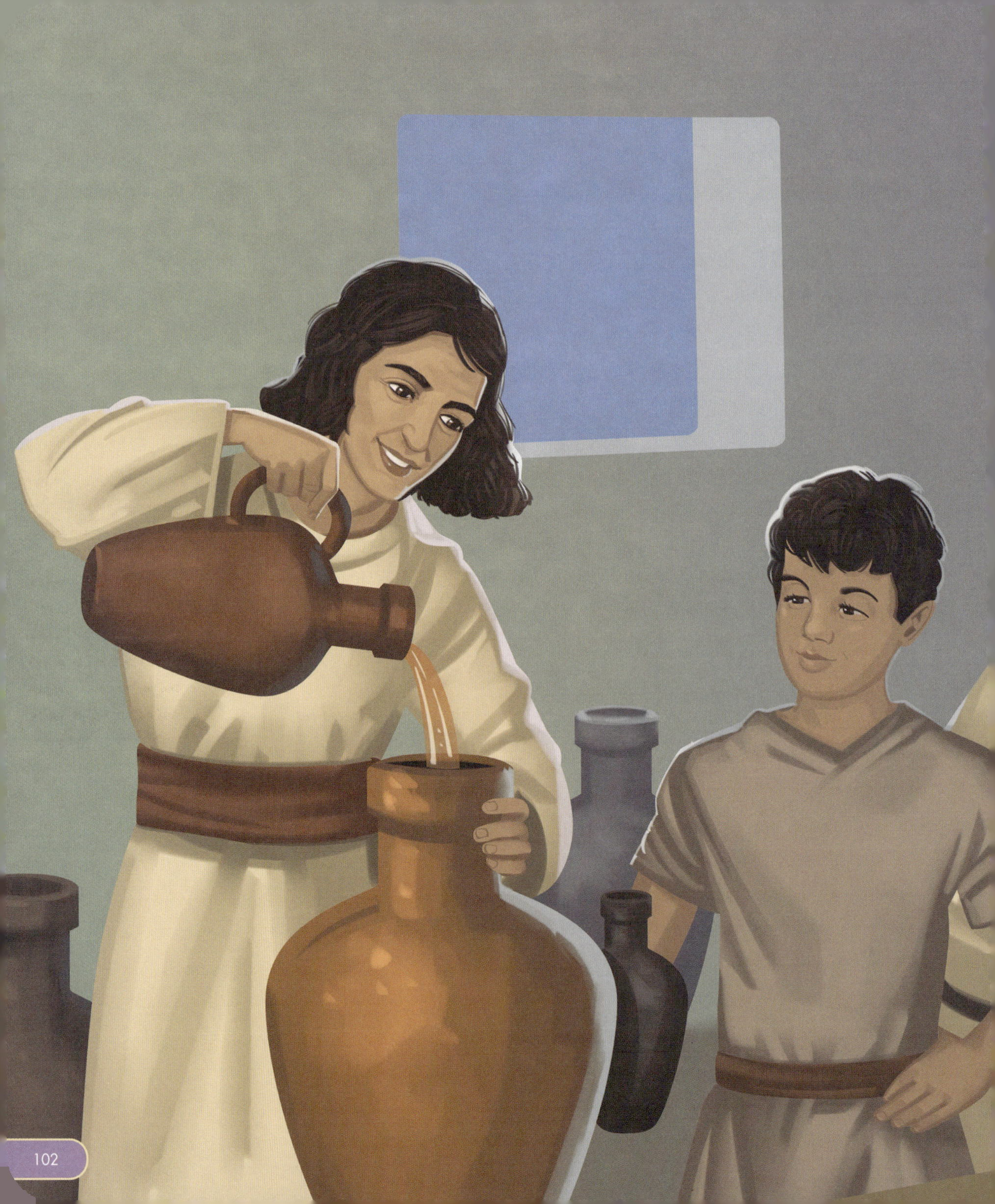

Eliseu e a viúva 2 REIS 4:1-7

Uma viúva pobre procurou Eliseu em busca de ajuda. O marido morrera e ela não tinha dinheiro suficiente para cuidar dos filhos.

Eliseu perguntou a ela: "O que você tem em sua casa?".

"Eu tenho um pequeno jarro de azeite", disse a mulher.

"Isso é suficiente", disse Eliseu. "Eu quero que você faça o seguinte: encontre o maior número possível de jarros vazios, inclusive empreste de seus vizinhos. Consiga muitas vasilhas vazias. Então entre na sua casa com seus filhos e feche a porta. Despeje o azeite de seu único jarro em todos os jarros vazios."

A mulher e seus filhos juntaram muitos jarros vazios. Ela encheu um jarro, depois dois jarros, e depois três, e depois mais, e mais… A mulher encheu todos os jarros, então, quando encheu o último, o azeite parou de jorrar. A mulher voltou para Eliseu e contou a ele o que tinha acontecido.

"Que bom!", disse Eliseu. "Venda o azeite para obter o dinheiro necessário para cuidar de você e de seus filhos." E a mulher assim o fez.

Querido Deus, obrigado por transformar o pouco em muito. Amém.

Eliseu e Naamã 2 REIS 5:1-19

Uma menina israelita trabalhava como criada para um homem chamado Naamã. Ele era um homem importante, mas tinha uma doença de pele que o fazia se sentir infeliz. Essa serva sabia sobre o profeta chamado Eliseu. Ela disse à esposa de Naamã que Eliseu poderia curar a doença de pele de Naamã. Então, a esposa de Naamã contou a ele sobre o que a menina tinha dito.

Naamã e seus servos viajaram para ver Eliseu. Quando Eliseu soube por que eles estavam lá, enviou um mensageiro para encontrá-los. "Vá e mergulhe sete vezes no rio Jordão", disse o mensageiro.

Naamã foi ao rio e mergulhou sete vezes. Quando ele saiu do rio, sua pele estava curada. Naamã voltou a Eliseu e disse que ele acreditava em Deus porque tinha sido curado.

Querido Deus, obrigado pelas pessoas que me ajudam. Amém.

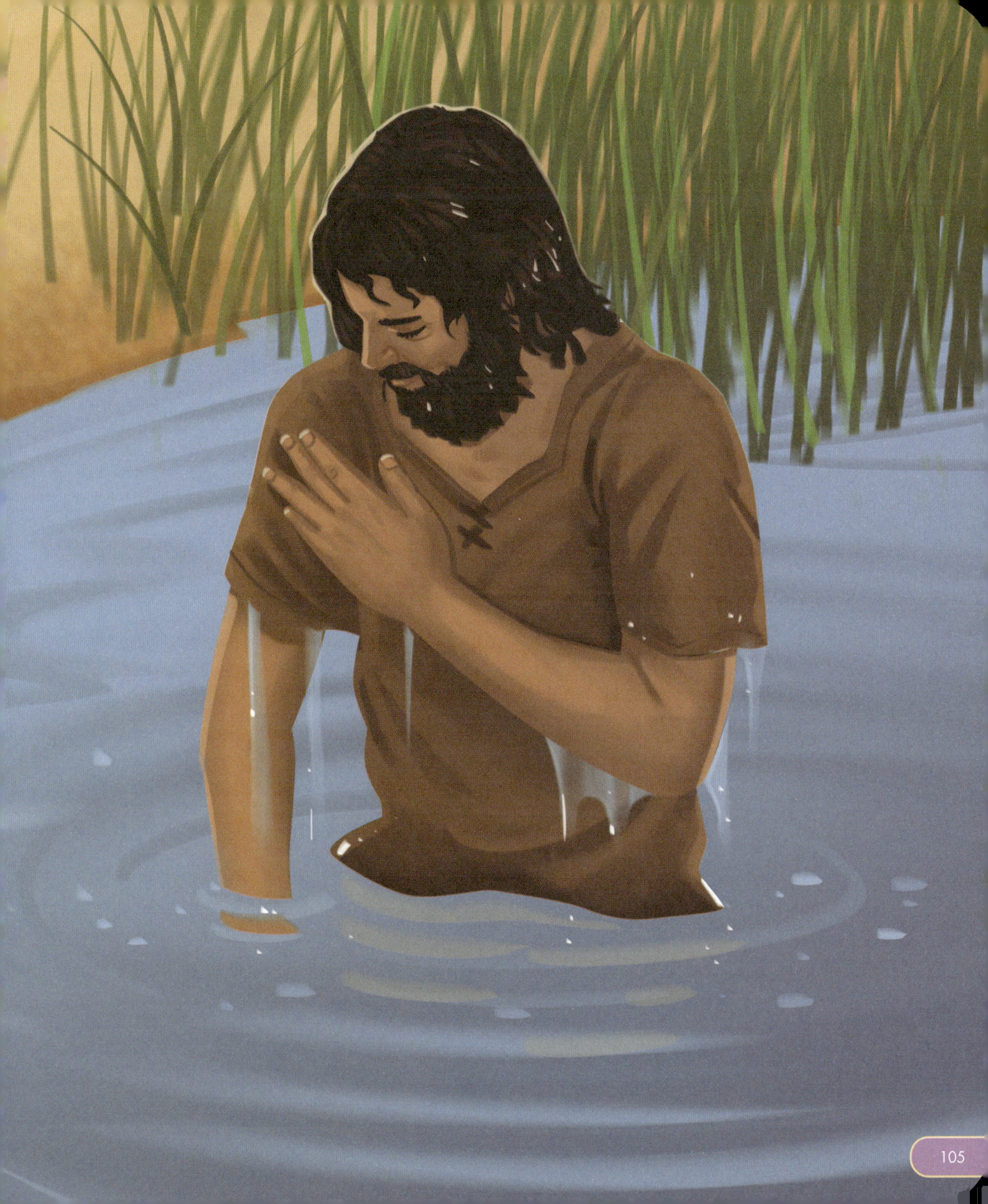

106

Rainha corajosa LIVRO DE ESTER

Ester vivia com seu primo mais velho, Mardoqueu. Ester e Mardoqueu eram judeus. Eles amavam a Deus e seguiam as Suas leis.

O rei decidiu que queria uma nova rainha e escolheu Ester! Ela foi morar no palácio, mas não contou a ninguém que ela e Mardoqueu eram judeus.

O rei tinha um ajudante chamado Hamã, e ele não gostava dos judeus. Ele enganou o rei a fazer uma lei para matar todos os judeus. Ester e Mardoqueu ficaram muito tristes. "Você deve ajudar nosso povo. Deve ser corajosa e conversar com o rei", disse Mardoqueu.

A rainha Ester disse ao rei: "Eu sou judia. Hamã quer matar todos os judeus. Por favor, não deixe que ele mate a mim e o meu povo". O rei ficou chateado! Ele não queria que a rainha Ester ou seu povo fossem mortos. O rei fez uma nova lei que manteve a rainha Ester, Mardoqueu e seu povo a salvo.

Querido Deus, me ajude a defender pessoas inocentes, como Ester fez. Amém.

Salmo 8:1-9

Deus, o Senhor e o Seu nome são incríveis!

O Senhor criou à mão um mundo lindo — olhe os céus,
a lua e as estrelas!

E veja as pessoas que o Senhor criou!
 É incrível que o Senhor pense em nós.
 É incrível que preste atenção em nós.

O Senhor deu às pessoas um trabalho importante,
para cuidarem de tudo que fez,
ovelhas e vacas e animais selvagens,
pássaros no céu e peixes no oceano.

Deus, o Senhor e o Seu nome são incríveis!

Querido Deus, o Senhor é incrível! Amém.

109

110

Salmo 23:1-6

Deus é como um pastor. Eu sou como uma ovelha de Deus. Ele provê tudo que eu preciso.

Deus é como um pastor. Eu sou como as ovelhas de Deus. Ele me guia a coisas boas porque Deus é bom.

Deus é como um pastor. Eu sou como as ovelhas de Deus. Eu não preciso ter medo; Deus está sempre comigo.

Deus é como um pastor. Eu sou como as ovelhas de Deus. A bondade e a fidelidade de Deus estarão sempre comigo.

Deus é como um pastor. Eu sou como as ovelhas de Deus. Eu estarei com Ele toda a minha vida.

Deus é como um pastor. Eu sou como as ovelhas de Deus. Nós podemos confiar em Seu amor e cuidado. Deus é maravilhoso, de verdade!

Querido Deus, obrigado por cuidar de mim como um pastor cuida das ovelhas. Amém.

Salmo 121:1-8

Eu olho para as montanhas. Quem me ajudará?

Deus me ajudará,
o Criador do Céu e da Terra.

Deus sempre estará comigo.
Deus não dormirá em serviço.

Deus nunca me deixa em tempos de angústia; Deus está bem ao meu lado.

Deus estará comigo em minha jornada desde agora para sempre.

Querido Deus, obrigado por sempre ficar comigo. Amém.

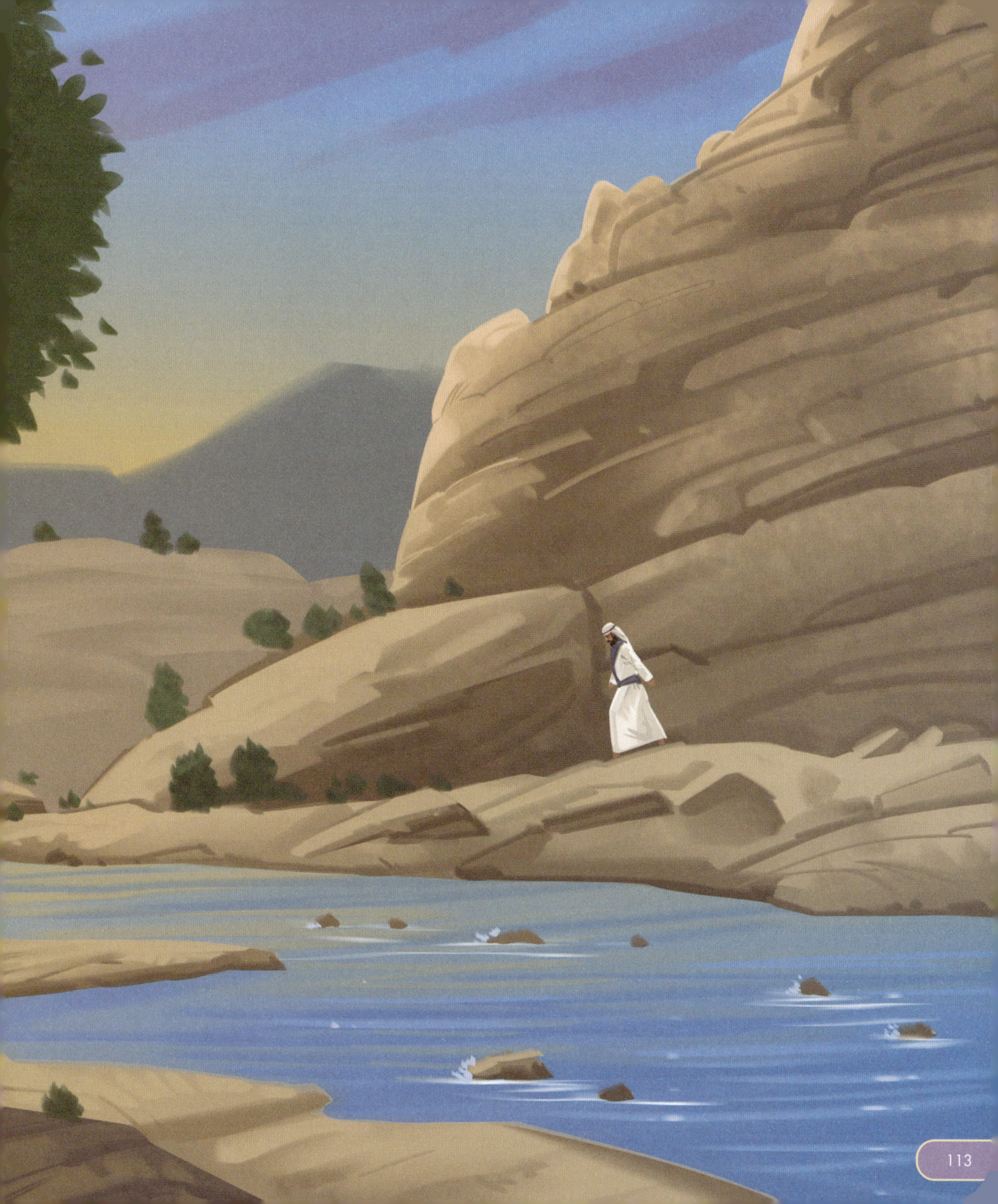

Salmo 139:1-12

Deus, o Senhor me observa. O Senhor me conhece!

O Senhor sabe quando eu me sento e quando me levanto. O Senhor conhece todos os meus planos!

O Senhor sabe quando estou brincando ou descansando. O Senhor sabe tudo sobre mim.

Deus, o Senhor conhece cada palavra que eu nem falei ainda. O Senhor me conhece completamente!

O Senhor está sempre comigo — vai na minha frente e atrás de mim. O Senhor está sempre comigo!

É maravilhoso saber o quanto o Senhor se importa comigo.

Realmente não entendo por que o Senhor me ama tanto!

Deus, o Senhor está sempre comigo!

O Senhor conhece e ama tudo a meu respeito!

Querido Deus, obrigado por me conhecer e me amar tanto. Amém.

115

Querido Deus, eu louvo o Senhor em tudo que faço. Amém.

Salmo 150:1-6

Louve o Senhor!
Louvado seja Deus no Seu santuário!
Louvado seja Deus no céu!
Louvem os poderosos atos de Deus!
Louvem a incrível grandeza de Deus!
Louvado seja Deus com o toque do shofar!
Louvado seja Deus com alaúde e lira!
Louvado seja Deus com pandeiro e dança!
Louvado seja Deus com cordas e flautas!
Louvado seja Deus com címbalos sonoros!
Louvado seja Deus com pratos musicais!
Que todo ser vivo louve ao Senhor!

Provérbios de Salomão PROVÉRBIOS 3:5; 6:6-8; 17:17

O rei Salomão orou a Deus por sabedoria. Ele queria fazer boas escolhas e liderar bem o povo de Deus. Algumas das coisas sábias que Salomão ensinou estão escritas no livro de Provérbios.

Salomão ensinou sobre confiar em Deus. Ele disse: "Confie no Senhor de todo o seu coração. Não dependa apenas de si mesmo. Dependa também de Deus".

Salomão ensinou a trabalhar com muita dedicação contando uma história sobre formigas. Ele disse: "Preste atenção nas formigas. Elas trabalham muito. Por causa do seu árduo trabalho, elas sempre têm comida. Você não deve ser preguiçoso, mas trabalhador como elas".

Salomão ensinou sobre como ser um bom amigo e família. Ele disse: "Amigos amam e cuidam uns dos outros em todos os momentos. Os membros da família ajudam quando há problemas".

Querido Deus, ajude-me a confiar em Sua sabedoria. Amém.

119

Espadas em arados ISAÍAS 2:1-5

Havia um homem chamado Isaías que vivia no reino de Judá. Isaías era um profeta. Um profeta ouve Deus com atenção. Os profetas nos ajudam a imaginar como seria o mundo se todos amassem a Deus e seguissem os Seus caminhos.

Isaías teve um sonho para o futuro. Ele contou aos amigos sobre isso. "No futuro, pessoas de todo o mundo amarão a Deus. As pessoas vão aprender a viver em paz. Ninguém precisará de espadas, ou lanças, ou armas de qualquer tipo. As pessoas vão transformar suas armas em ferramentas para a agricultura. As nações não lutarão mais. Não haverá mais guerra".

Podemos trabalhar juntos para tornar o sonho de Isaías real seguindo a Deus.

Querido Deus, ajude-me a ser um pacificador. Amém.

À espera pelo Rei JEREMIAS 33:14-16

Jeremias foi um profeta de Deus. Seu trabalho era dizer ao povo de Deus como viver. As pessoas deveriam mostrar amor, cuidado e misericórdia a todos. Mas elas não estavam fazendo um trabalho muito bom, e isso deixou Jeremias triste. Mas ele tinha esperança e falou ao povo sobre um rei que nasceria um dia.

"Está chegando a hora", disse Jeremias, "quando os israelitas terão um rei da família de Davi. Ele fará o que é bom e certo. Quando Ele for rei, todo o povo estará seguro. Esse Rei será chamado Rei justo porque Ele será incomparavelmente magnífico".

Querido Deus, por favor me ajude a ter esperança. Amém.

123

Daniel obedece a Deus DANIEL 1:1-21

O rei da Babilônia era poderoso. Ele se tornou governante do povo de Deus e fez muitas pessoas de Deus se mudarem para a Babilônia, um país distante de suas casas. Ele também escolheu muitos jovens, incluindo Daniel e seus três amigos, para viverem em seu palácio.

Muitos jovens ficaram felizes em morar no palácio e comer a comida do rei. Mas Daniel e seus amigos sabiam que a comida do rei não era o tipo de comida que Deus queria que eles comessem. "Não podemos comer a comida do rei. Deixe que eu e meus amigos comamos apenas vegetais por dez dias. Depois desse período, você poderá comparar se estamos tão saudáveis quanto todos os outros", pediu Daniel ao chefe dos serviços do palácio.

Daniel e seus amigos escolheram comer apenas vegetais, enquanto os outros jovens comiam a comida do rei. Quando os dez dias terminaram, Daniel e seus amigos eram os jovens mais saudáveis dentre eles. Deus deu sabedoria e conhecimento a Daniel e a seus amigos.

Querido Deus, ajude-me a seguir Seus caminhos e orientações. Amém

125

126

A fornalha ardente DANIEL 3:1-30

"Quero que todos no meu reino me adorem", disse o rei. "Eu sou a pessoa mais importante do país." Então, o rei estabeleceu uma nova lei: "Sempre que a música tocar, todos devem parar o que estão fazendo e se ajoelhar diante da minha estátua de ouro. Quem não se ajoelhar será jogado numa fornalha extremamente quente".

Três dos ajudantes do rei, Sadraque, Mesaque e Abede-Nego, acreditavam em Deus. Eles não adorariam ninguém além do Senhor. Quando a música tocou, eles não se ajoelharam diante da estátua.

O rei descobriu que eles desobedeceram a sua ordem e ficou com raiva. Ele jogou Sadraque, Mesaque e Abednego dentro da fornalha ardente. Mas eles não ficaram feridos! O fogo não queimava esses três jovens, e eles foram tirados da fornalha. "Olha, o Deus deles cuidou de todos", disse o rei. "Louvado seja Deus!"

Querido Deus, obrigado por sempre estar comigo. Ajude-me a adorar apenas o Senhor. Amém.

Daniel na cova dos leões DANIEL 6:1-28

Daniel amava a Deus. Ele orava a Deus ajoelhado diante de sua janela três vezes ao dia, todos os dias. Daniel trabalhou para o rei, e o rei realmente gostava dele. Mas alguns dos outros trabalhadores não gostavam de Daniel. Eles queriam se livrar dele. Os outros servos influenciaram o rei a fazer uma lei, que dizia que ninguém poderia orar a Deus e, quem o fizesse, seria jogado na cova dos leões. Eles sabiam que Daniel continuaria orando e desobedeceria a essa lei. Daniel continuou orando, e esses outros servos foram contar ao rei.

Triste, o rei colocou Daniel na cova dos leões. "Espero que o seu Deus o proteja", disse o rei. Na manhã seguinte, o rei correu à cova dos leões. O rei gritou: "Daniel, Deus salvou você?".

Daniel respondeu: "Eu estou vivo! Deus fechou a boca dos leões famintos". Daniel saiu da cova dos leões. O rei estava feliz! "Eu tenho uma nova lei", disse o rei. "Todos devem orar a Deus como Daniel."

Querido Deus, por favor, me ajude a ser sempre fiel ao Senhor. Amém.

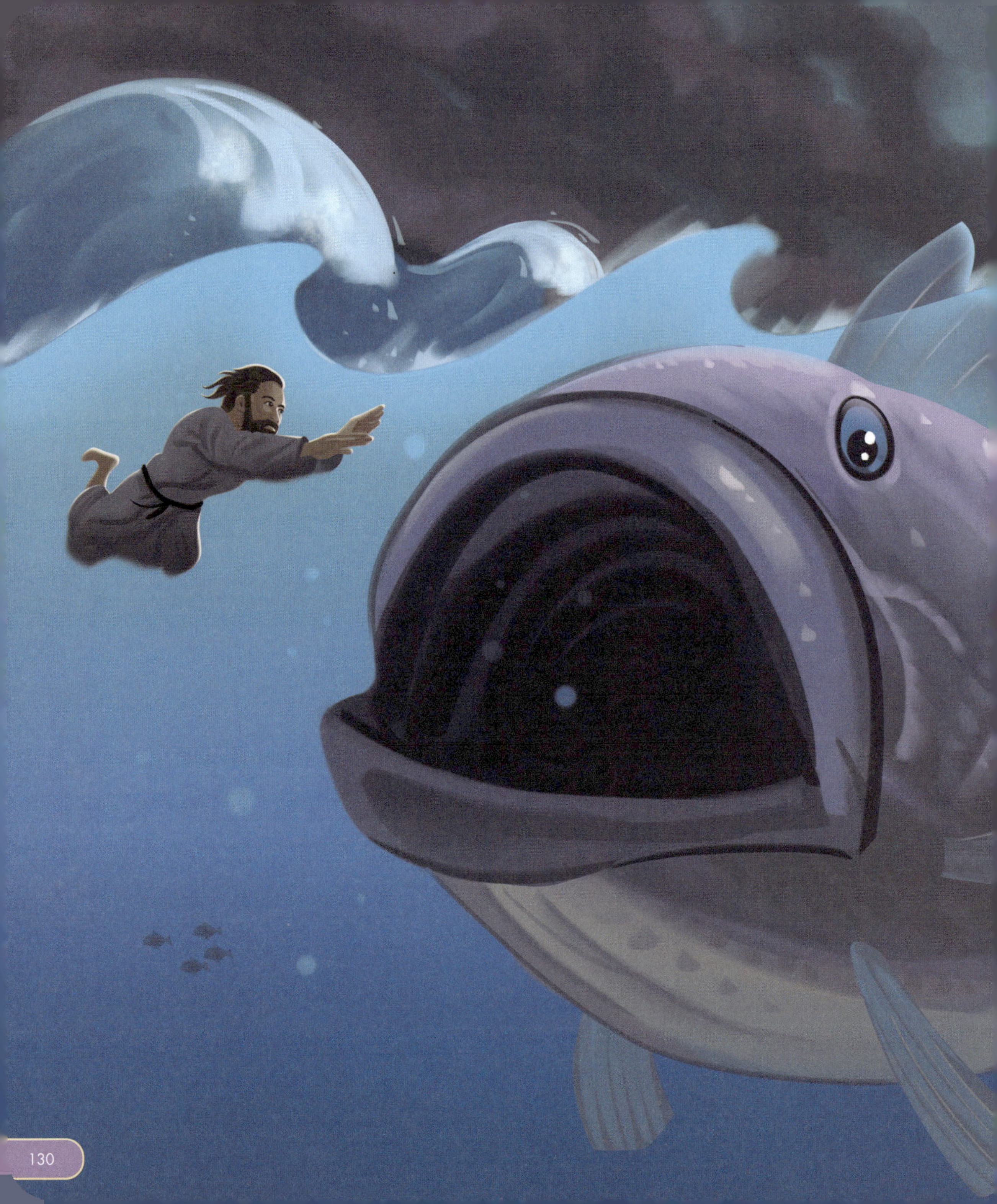

Jonas e o grande peixe JONAS 1:1–2:10

Um dia Deus chamou Jonas. "Jonas!", disse Deus. "Quero que você vá para uma cidade chamada Nínive. Diga ao povo de lá para me adorar."

"Mas, Deus", reclamou Jonas, "não quero ir a Nínive".

Então, Jonas fugiu em vez de ir para Nínive. Ele entrou em um navio e foi dormir. Mas o navio passou por uma violenta tempestade em alto mar. Os marinheiros temiam que o navio se partisse ao meio!

"Acorde, Jonas! O navio está quase afundando. Ore por ajuda", disse o marinheiro. Jonas sabia que ele era culpado por aquela tempestade. Então, ele disse aos marinheiros que o jogassem ao mar. Quando eles fizeram isso, a tempestade parou.

Deus enviou um peixe muito grande para engolir Jonas. Ele ficou dentro da barriga do peixe por três dias, e Jonas orou de dentro do peixe: "Deus, me perdoe! Fiz uma má escolha quando tentei fugir do Senhor. Prometo que irei a Nínive". Assim, o peixe cuspiu Jonas em terra firme. E, dessa vez, esse profeta foi para Nínive.

Querido Deus, ajude-me a sempre obedecer ao Seu chamado. Amém.

Jonas em Nínive JONAS 3:1–4:11

Jonas foi à cidade de Nínive e começou a pregar para as pessoas: "Deus não gosta do que vocês estão fazendo. Todos devem pedir perdão e mudar de atitude".

O povo de Nínive ouviu. Eles queriam seguir a Deus. Para mostrar o quanto lamentavam, pararam de comer e usaram roupas de luto. Até o rei de Nínive lamentou e mudou seu comportamento.

Deus viu que o povo de Nínive estava tentando fazer o que era certo, e então perdoou todos eles. Jonas também viu que as pessoas mudaram, mas ele não ficou feliz com isso. Ele não gostava deles e queria que Deus os castigasse. Jonas brigou com Deus por Ele ser tão bom e amoroso. Em seguida, Deus disse a Jonas que todos os seres vivos merecem viver.

Querido Deus, por favor me ajude a amar todas as pessoas. Amém.

133

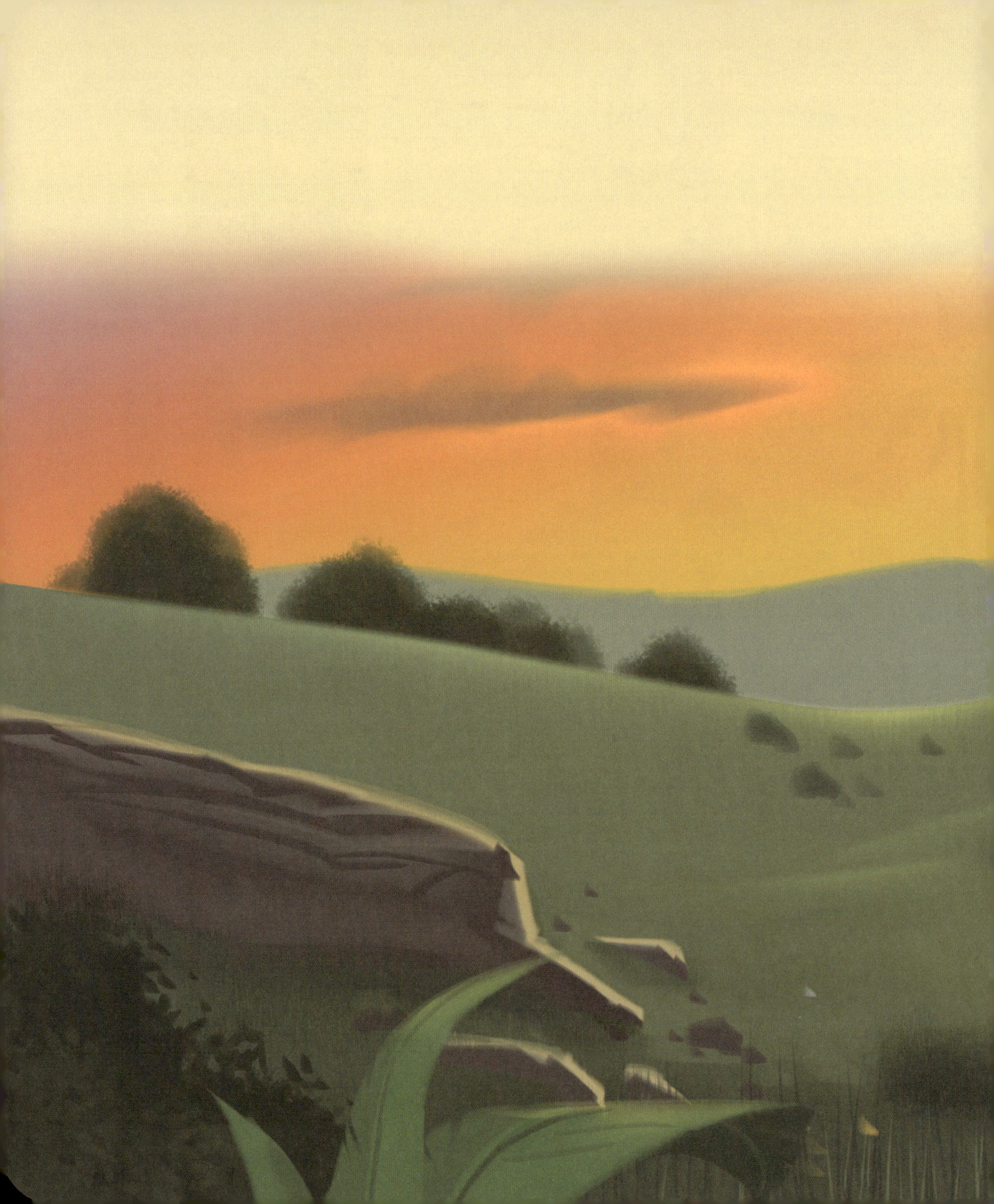

Introdução ao Novo Testamento

O Novo Testamento é a segunda parte da Bíblia. Contém as histórias de Jesus e as histórias de Seus seguidores. Os quatro primeiros livros do Novo Testamento são chamados de Evangelhos. Eles contam as histórias da vida, morte e ressurreição de Jesus. Você verá nas próximas páginas que cada livro mostra detalhes diferentes sobre a vida de Jesus. Em vez de tentar transformar as histórias de todos os quatro livros em uma grande história, eles serão divididos exatamente como se encontram na Bíblia.

Depois dos Evangelhos, vem o livro de Atos. Esse livro conta as histórias dos seguidores de Jesus e da Igreja do Primeiro século. Na sequência, encontramos as 21 cartas escritas por líderes da Igreja Primitiva, como Paulo, para encorajar as pessoas a seguirem os ensinamentos de Jesus. O último livro é o livro de Apocalipse. Ele revela o amor de Deus por nós.

Podemos aprender sobre Deus e como compartilhar o Seu amor com os outros a partir das histórias contidas no Novo Testamento.

A história de José MATEUS 1:18-24

Havia um jovem chamado José cuja família morava em Belém. José estava noivo de uma jovem chamada Maria. José era descendente do rei Davi.

José soube que Maria teria um bebê, mas ele não era o pai. Então, um dia José teve um sonho. Nesse sonho, ele viu um anjo de Deus, que lhe disse: "José, o bebê que Maria vai ter é um presente de Deus para o mundo inteiro. Case com ela e dê ao bebê o nome de Jesus, Emanuel, que significa, Deus está conosco".

José se casou com Maria. Eles obedeceram a Deus. E quando Maria deu à luz um filho, José pôs o nome de Jesus.

Querido Deus, obrigado por todas as bênçãos que o Senhor traz a minha vida. Amém.

137

Siga a estrela MATEUS 2:1-12

Quando Jesus nasceu, em um lugar distante havia sábios que passavam o tempo observando as estrelas. Certa noite eles notaram uma estrela muito especial no céu. Era muito brilhante e parecia estar se movendo diante deles. Os sábios estudaram seus arquivos e concluíram que aquela estrela especial devia ser a estrela que os conduziria até o novo rei.

Eles queriam levar presentes especiais para o novo rei. Então, eles embalaram incenso, ouro e mirra — presentes dignos de um rei — e partiram seguindo a estrela.

Os sábios chegaram a Belém, seguindo a estrela especial até ela parar em cima de uma casinha. Quando os sábios entraram na casa, eles encontraram o novo rei, Jesus, e sua mãe, Maria. Os homens sábios se ajoelharam e ofereceram seus presentes a Jesus.

Querido Deus, obrigado pelos muitos presentes que o Senhor me dá. Amém.

139

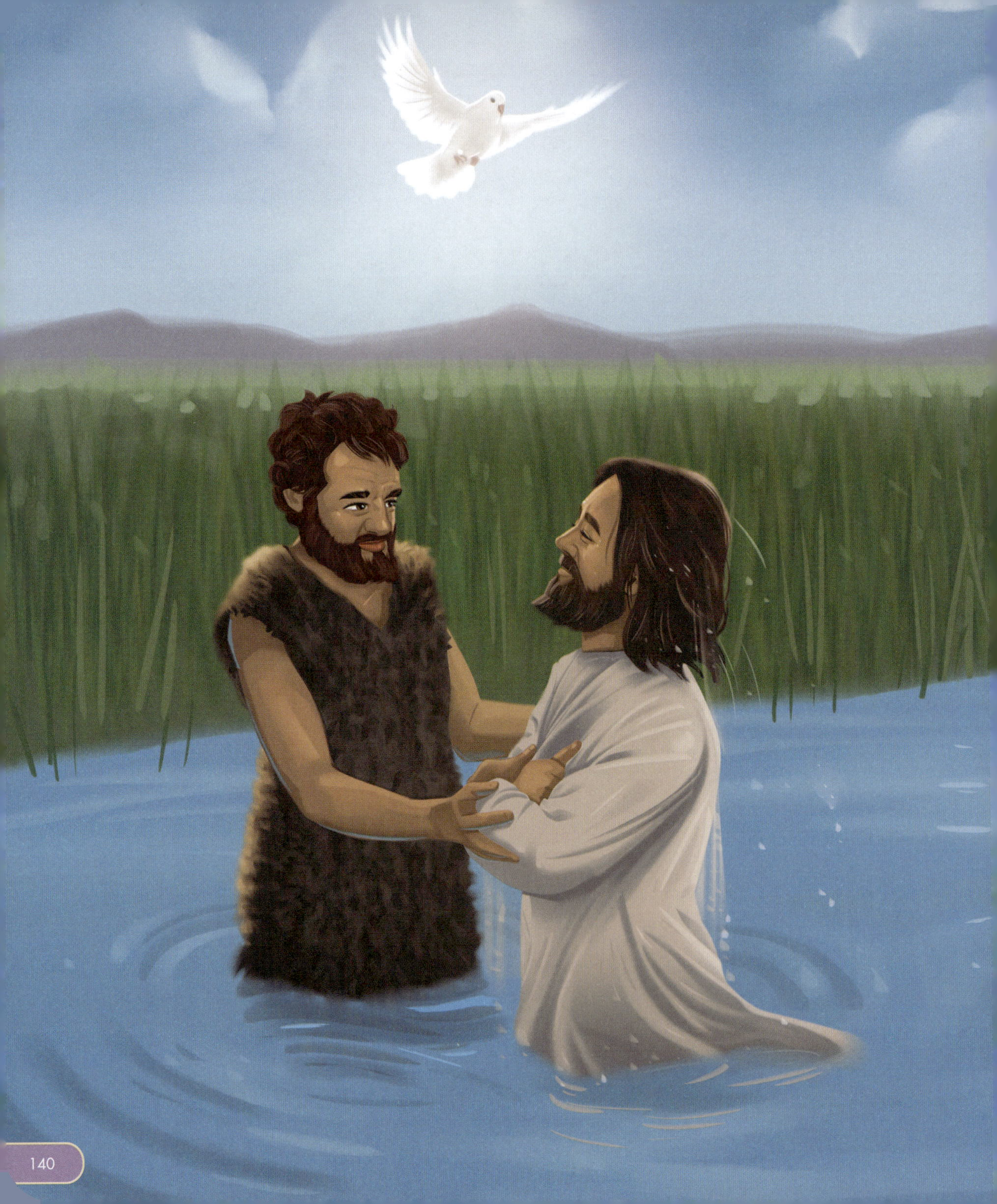

Jesus é batizado MATEUS 3:13-17

Quando Jesus cresceu e estava pronto para iniciar Seu ministério, Ele foi ao rio Jordão ver João Batista. João estava batizando pessoas no rio. Jesus pediu a João que o batizasse, mas João tentou detê-lo dizendo: "Sou eu que preciso ser batizado por você!".

Jesus explicou a João: "Por favor, me batize. É importante para o meu ministério". Então, João concordou em batizar Jesus.

Quando Jesus saiu da água, os céus se abriram para Ele, e Jesus viu o Espírito de Deus descer como uma pomba sobre Ele, e uma voz vinda do céu disse: "Este é meu filho amado. Ele me faz feliz".

Querido Deus, estou feliz por ser Seu filho também. Amém.

142

Jesus chama os pescadores MATEUS 4:18-22

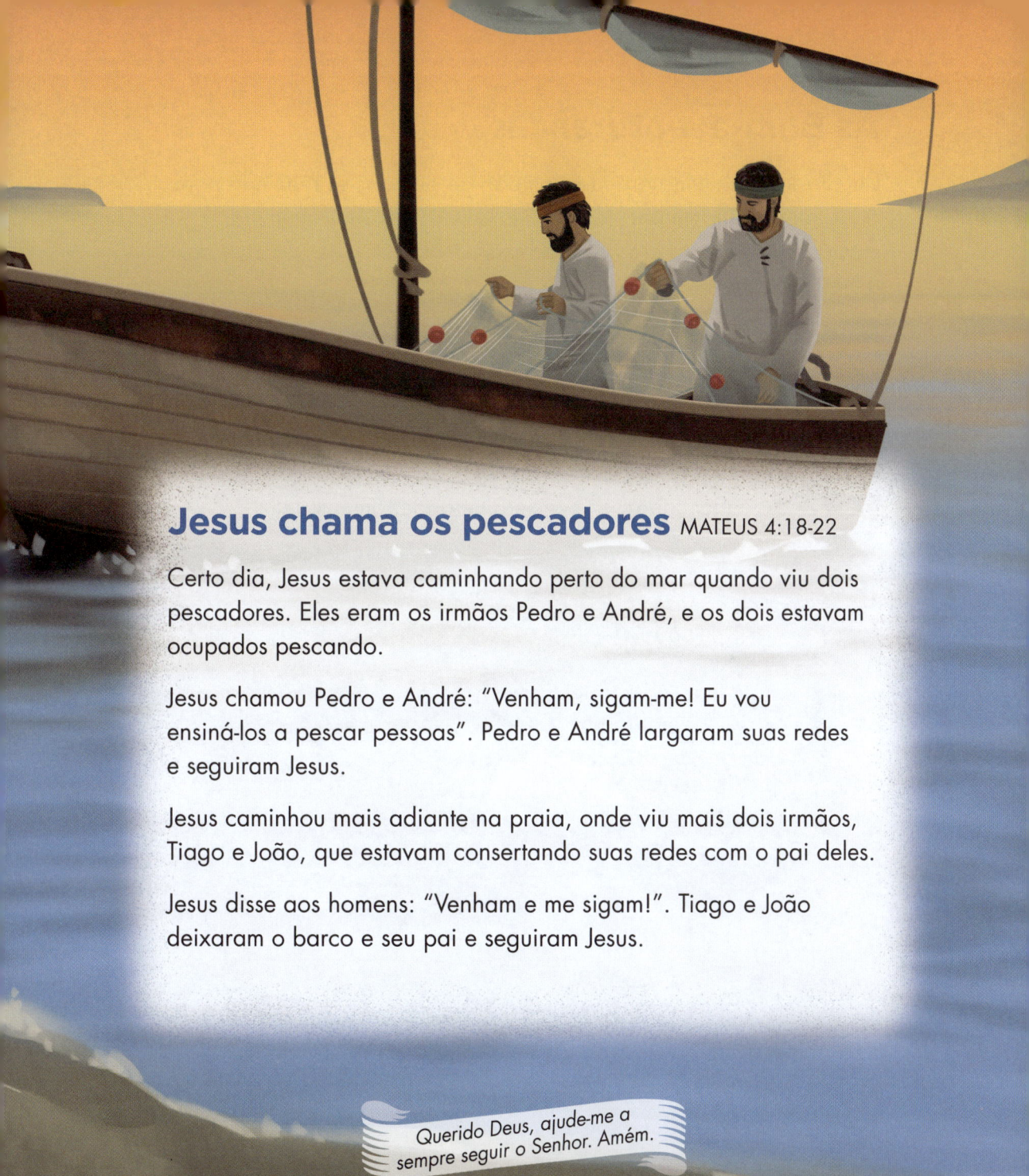

Certo dia, Jesus estava caminhando perto do mar quando viu dois pescadores. Eles eram os irmãos Pedro e André, e os dois estavam ocupados pescando.

Jesus chamou Pedro e André: "Venham, sigam-me! Eu vou ensiná-los a pescar pessoas". Pedro e André largaram suas redes e seguiram Jesus.

Jesus caminhou mais adiante na praia, onde viu mais dois irmãos, Tiago e João, que estavam consertando suas redes com o pai deles.

Jesus disse aos homens: "Venham e me sigam!". Tiago e João deixaram o barco e seu pai e seguiram Jesus.

Querido Deus, ajude-me a sempre seguir o Senhor. Amém.

As Bem-aventuranças MATEUS 5:1-12

Um dia Jesus viu uma grande multidão de pessoas se reunindo para ouvir Seus ensinamentos. Jesus e Seus discípulos subiram numa montanha e se sentaram. A multidão veio até Ele, e Jesus começou a lhes ensinar.

Jesus disse: "Quando você estiver triste, Deus o confortará. Quando você for ferido por alguém, Deus fará você se sentir melhor. Felizes as pessoas que fazem as pazes com outras pessoas. Quando você tentar fazer a coisa certa e as pessoas zombarem de você, Deus o ajudará. Deus o abençoará, e você será verdadeiramente feliz".

Querido Deus, obrigado por me consolar quando eu estou triste. Amém.

145

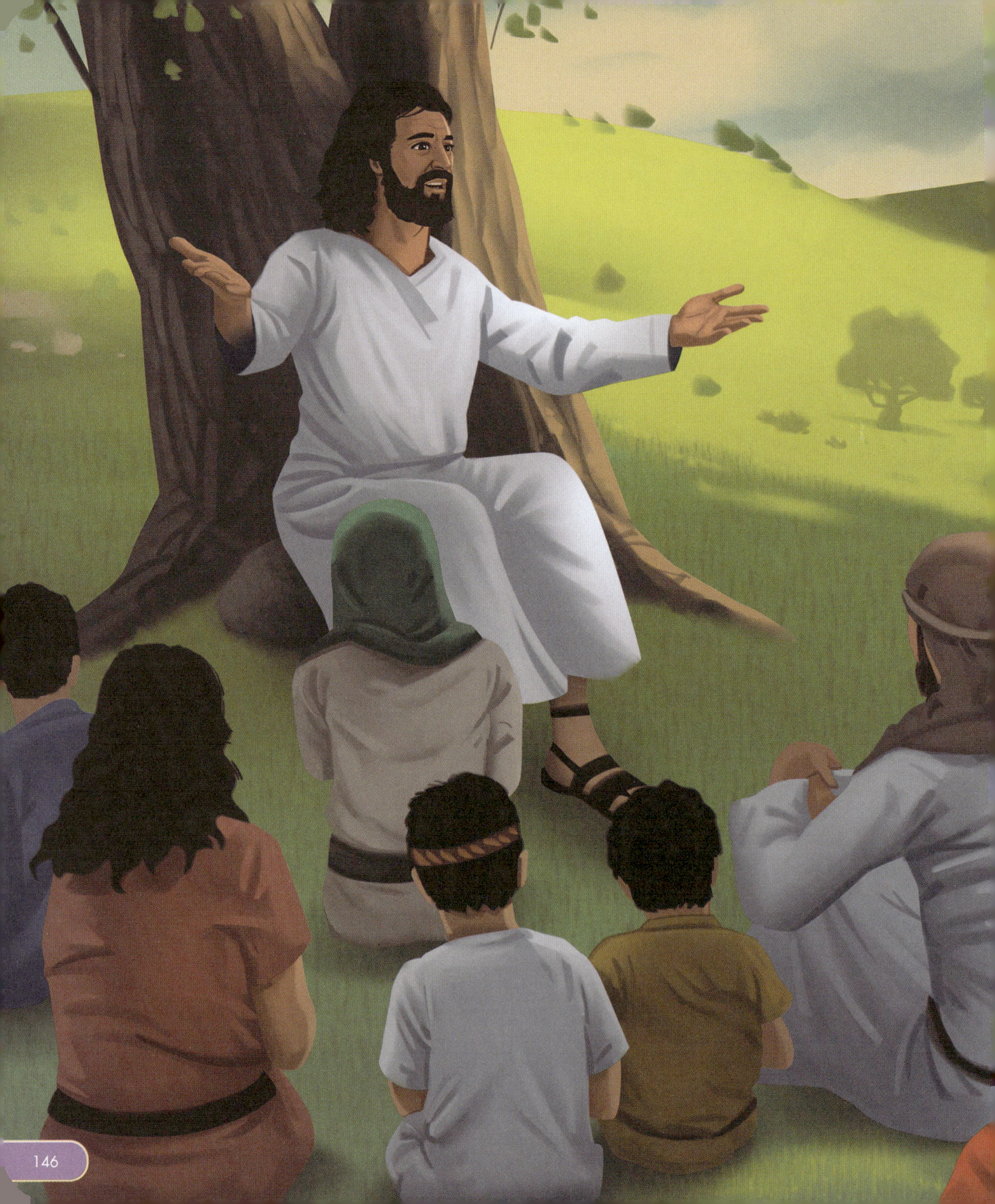

A oração do Pai Nosso MATEUS 6:5-15

Ainda na montanha, Jesus continuou ensinando à grande multidão. Ele disse: "Quando vocês orarem a Deus, orem assim:

'Pai nosso que está no Céu, o Seu nome é santo.

Que o que acontece no Seu reino, aconteça na Terra.

Dê-nos tudo o que precisamos. Perdoe-nos; ajude-nos a perdoar os outros.

Ajude-nos a fazer boas escolhas, ao invés das que são ruins.'"

Querido Deus, por favor, que o que acontece no Céu aconteça também na Terra. Amém

Os pássaros que voam pelo céu MATEUS 6:25-34

Jesus continuou a ensinar à multidão na montanha. Ele ensinou o povo a não se preocupar.

Ele disse: "Não se preocupe com a sua vida. Alguns de vocês estão com fome e alguns de vocês não têm muitas roupas. Não se preocupe de onde você vai conseguir comida ou roupa.

Olhe para os pássaros. Eles não agem como as pessoas, eles não se preocupam com onde conseguirão sementes. Deus os alimenta.

Olhe para as flores do campo. Elas não fazem roupas, mas Deus torna suas pétalas lindas, como vestidos.

Deus se importa com cada um de vocês. Deus suprirá suas necessidades. Não se preocupem", ensinou Jesus.

Querido Deus, ajuda-me a confiar em Seu amor e cuidado por mim. Amém.

150

A Regra de Ouro MATEUS 7:12

Jesus continuou a ensinar à multidão na encosta da montanha. Ele falou ao povo sobre uma regra muito especial. Isto foi o que Jesus ensinou: "Façam aos outros o que querem que eles façam a vocês". Essa regra é tão especial que a chamamos de Regra de Ouro.

Esse ensinamento de Jesus significa que, se queremos que as pessoas sejam gentis conosco, precisamos ser gentis com elas também.

Querido Deus, ajude-me a tratar as pessoas da maneira que eu quero ser tratado. Amém.

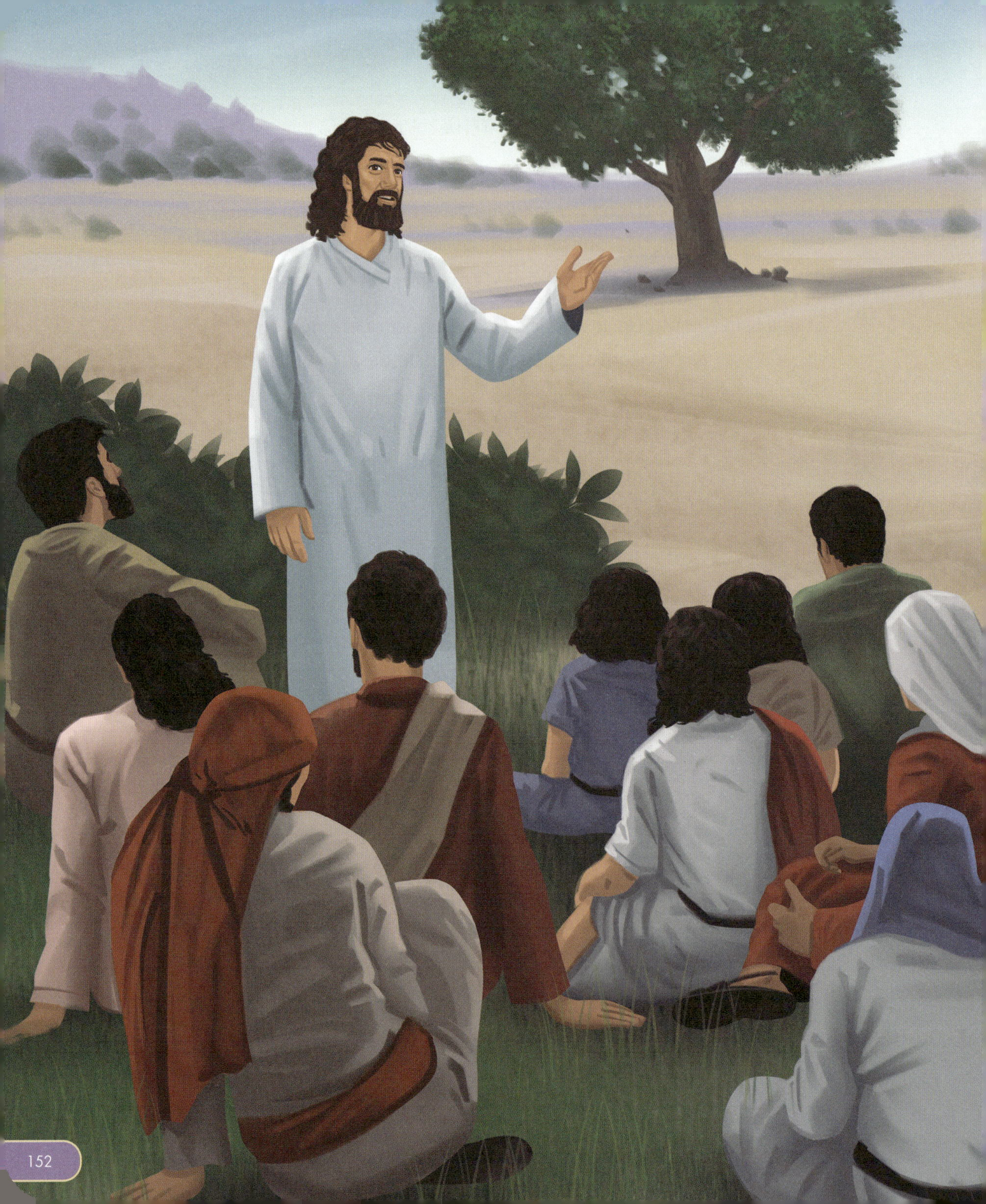

As duas casas MATEUS 7:24-27

Jesus terminou o Seu sermão na montanha dizendo o seguinte: "Escutem o que eu ensinei sobre Deus. Se vocês fizerem o que eu ensinei, serão como o sábio construtor que construiu a casa dele em cima da rocha. Quando a forte chuva veio sobre ela, a casa permaneceu firme na rocha. Porém, se vocês não fizerem o que eu tenho ensinado, vocês serão como o tolo construtor que construiu sua casa em cima da areia. Então, quando a forte chuva veio sobre essa casa na areia, ela desmoronou e ficou totalmente destruída".

A multidão ficou impressionada com os ensinamentos de Jesus.

Querido Deus, ajude-me a ser como o sábio construtor. Amém.

O homem na sinagoga MATEUS 12:9-14

Jesus e Seus amigos foram adorar a Deus. Um homem que tinha a mão deformada estava lá, e era o dia do descanso.

Os líderes de lá queriam trazer problemas a Jesus, então eles fizeram uma pergunta sobre as leis de Deus: "As leis de Deus permitem que uma pessoa seja curada no dia de descanso?".

Jesus respondeu: "Se suas ovelhas caíssem em um buraco fundo no dia de descanso, você não tiraria as ovelhas de lá? Pessoas são mais importantes que ovelhas. As leis de Deus dizem para se fazer o que é bom no dia de descanso".

Jesus disse ao homem com a mão deformada: "Dê-me sua mão". O homem estendeu a mão e ela foi curada.

Querido Deus, obrigado por Jesus com Seu amor e cuidado. Amém.

155

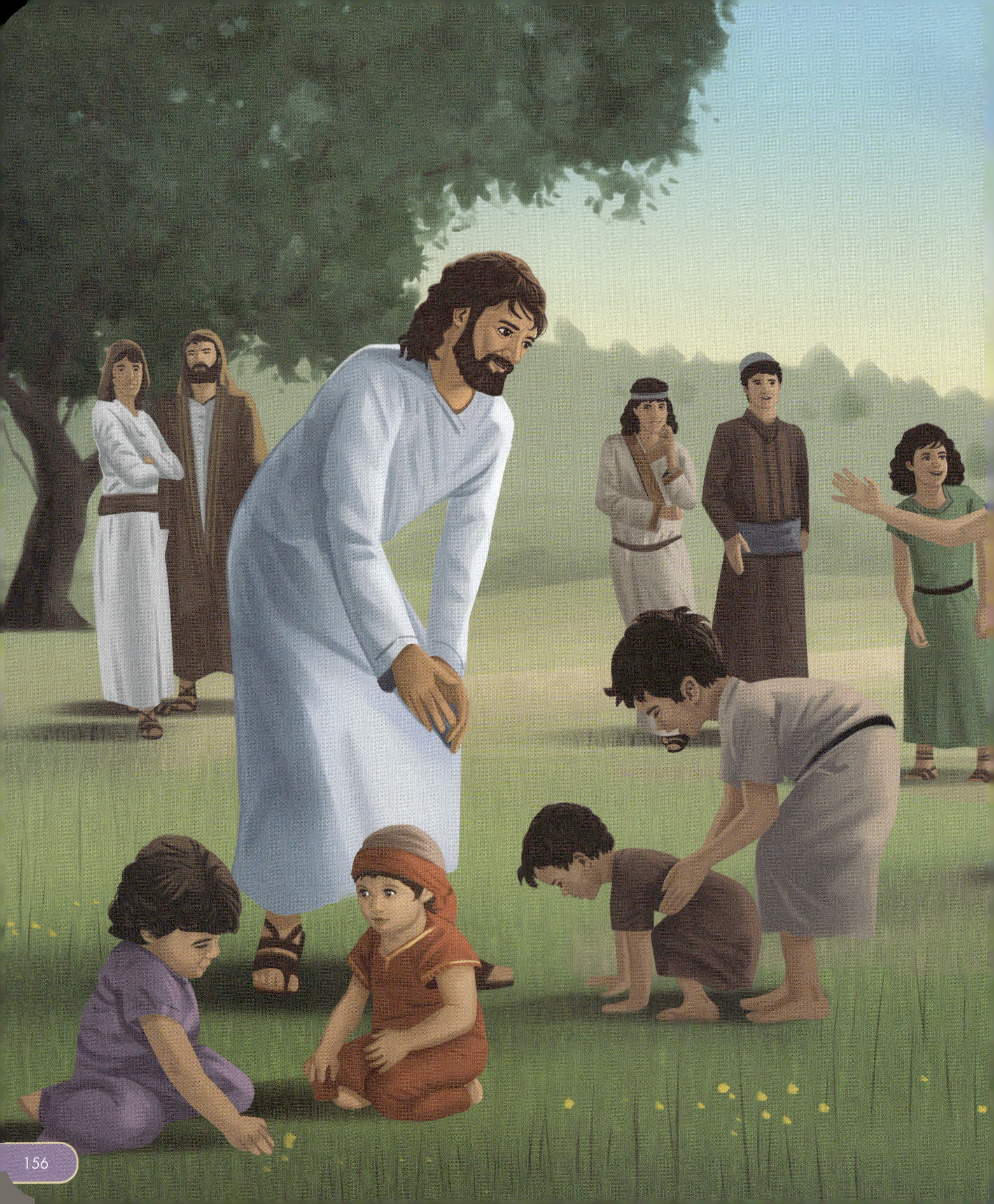

Jesus e as crianças MATEUS 19:13-15

Algumas pessoas trouxeram seus filhos para ver Jesus. As pessoas queriam que Jesus abençoasse seus filhos.

Os discípulos não queriam que o povo trouxesse seus filhos para Jesus. "Não incomode Jesus!", os discípulos disseram ao povo.

Jesus chamou a atenção dos discípulos: "Deixem que as crianças venham a mim. Não as impeçam de estar comigo. O reino de Deus pertence a pessoas como essas crianças. Vocês devem ser como essas crianças para fazer parte do reino de Deus".

Jesus chamou as crianças para perto. Ele as acolheu em Seus braços e as abraçou.

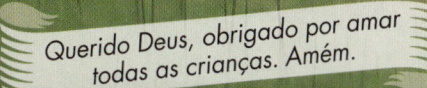

Querido Deus, obrigado por amar todas as crianças. Amém.

Hosana! MATEUS 21:1-11

Jesus e Seus discípulos estavam perto da cidade de Jerusalém. Jesus pediu a dois dos discípulos que fossem buscar uma jumenta e um jumentinho para Ele montar. Os dois discípulos encontraram os animais e os levaram a Jesus. Os discípulos colocaram suas roupas no lombo do jumentinho e Jesus montou na jumenta.

Uma grande multidão encontrou Jesus e os discípulos no portão da cidade de Jerusalém. As pessoas estendiam seus mantos na estrada. Outros cortaram ramos de palmeiras das árvores e os colocavam no chão enquanto Jesus passava. A multidão ao redor de Jesus gritava, dizendo: "Hosana! Bendito! Hosana! Bendito!".

Quando Jesus entrou em Jerusalém, toda a cidade estava animada. As pessoas perguntavam umas às outras: "Quem é Ele?".

A multidão respondia: "Este é o profeta Jesus".

Querido Deus, obrigado por enviar Jesus — o Líder da paz. Amém.

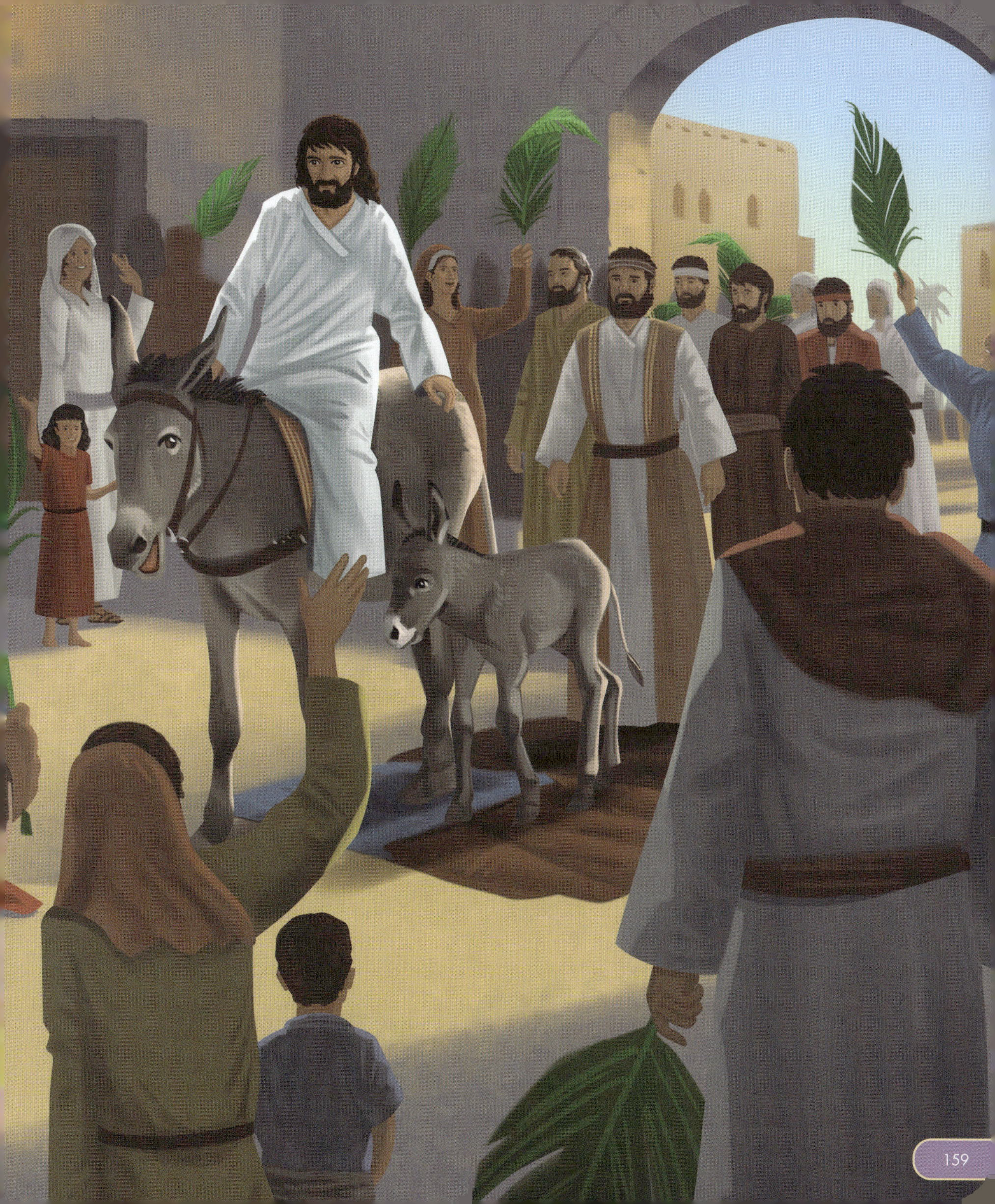

A última Ceia MATEUS 26:17-30

Os discípulos de Jesus lhe perguntaram onde ele queria que fizessem a ceia de Páscoa. Jesus respondeu: "Vão até a cidade, procurem certo homem e digam a ele que vamos celebrar a Páscoa na casa dele". E assim os discípulos fizeram.

Naquela noite, Jesus e os discípulos compartilharam a refeição da Páscoa juntos. Enquanto eles estavam comendo, Jesus disse: "Um de vocês vai me trair". Todos os discípulos ficaram tristes e, um a um, foram perguntando se era ele quem o trairia. Mas Jesus sabia que seria Judas.

Enquanto eles comiam, Jesus pegou o pão, o abençoou, partiu e deu a Seus discípulos. Ele disse: "Peguem e comam; isto é o meu corpo". Em seguida, pegou o cálice com suco de uva, deu graças e entregou aos discípulos, dizendo: "Bebam, porque isto é o meu sangue, que é derramado em favor de muitos para o perdão dos pecados. Este é o cálice da nova aliança". Depois da ceia, Jesus e os discípulos caminharam para o monte das Oliveiras.

Querido Deus, obrigado por me dar uma maneira especial de lembrar, usando pão e suco, que Jesus morreu para me salvar. Amém.

No Jardim do Getsêmani
MATEUS 26:31-56

Jesus e os discípulos caminharam até um jardim chamado Getsêmani. Jesus disse: "Por favor, fiquem aqui enquanto eu oro". Os dois filhos de Zebedeu e Pedro andaram um pouco mais à frente com Ele. Jesus começou a se sentir triste e aflito.

Jesus disse aos Seus três amigos: "Estou muito triste. É como se eu estivesse morrendo. Por favor, fiquem aqui. Vigiem comigo".

Jesus orou: "Pai, por favor, se o Senhor puder, afasta de mim esse sofrimento. Mas, se não for possível, farei o que o Senhor deseja". Jesus voltou aos Seus amigos. Eles estavam dormindo! Jesus disse a Pedro: "Vocês não puderam ficar acordados enquanto eu orava? Fiquem acordados enquanto eu oro um pouco mais".

Jesus foi orar novamente, dizendo: "Pai, por favor, se for possível, afasta de mim este cálice de sofrimento. Mas que seja feita a Sua vontade". Jesus voltou para Seus amigos e os encontrou dormindo de novo, então Ele voltou a orar.

Jesus orou mais uma vez: "Pai, por favor, se for possível, afasta de mim este cálice de sofrimento. Contudo seja feita a Sua vontade". Então Ele voltou aos Seus discípulos e disse: "Vocês vão dormir a noite toda? Chegou a hora em que serei preso. Levantem-se! Meu traidor está aqui".

Judas e uma multidão de pessoas caminharam em direção a Jesus. Judas beijou Jesus no rosto. A multidão prendeu Jesus e os discípulos fugiram.

Querido Deus, obrigado por sempre me ouvir quando oro. Amém.

Pedro MATEUS 26:57,58,69-75

A multidão levou Jesus ao sumo sacerdote. Pedro escondido, seguia Jesus de longe. Pedro sentou-se no pátio enquanto os líderes questionavam Jesus. Uma criada veio até Pedro e disse: "Você estava com Jesus".

Pedro negou diante da criada e de todos no pátio: "Não, eu não estava! Você não sabe o que está falando."

Outra mulher viu Pedro e exclamou: "Este homem estava com Jesus!".

Pedro olhou para ela e afirmou: "Eu não conheço esse homem".

As pessoas que estavam ali disseram a Pedro: "Você deve ser um dos amigos de Jesus. O jeito que você fala o denuncia".

Então Pedro esbravejou e jurou: "Não conheço esse homem!". Naquele mesmo instante, o galo cantou: "Cocoricó!".

Pedro lembrou-se do que Jesus havia dito: "Antes que o galo cante, você dirá três vezes [às pessoas] que não me conhece". Então, Pedro correu para fora do pátio e chorou.

Querido Deus, às vezes vivo com medo e magoo as pessoas que amo, me perdoe por isso. Amém.

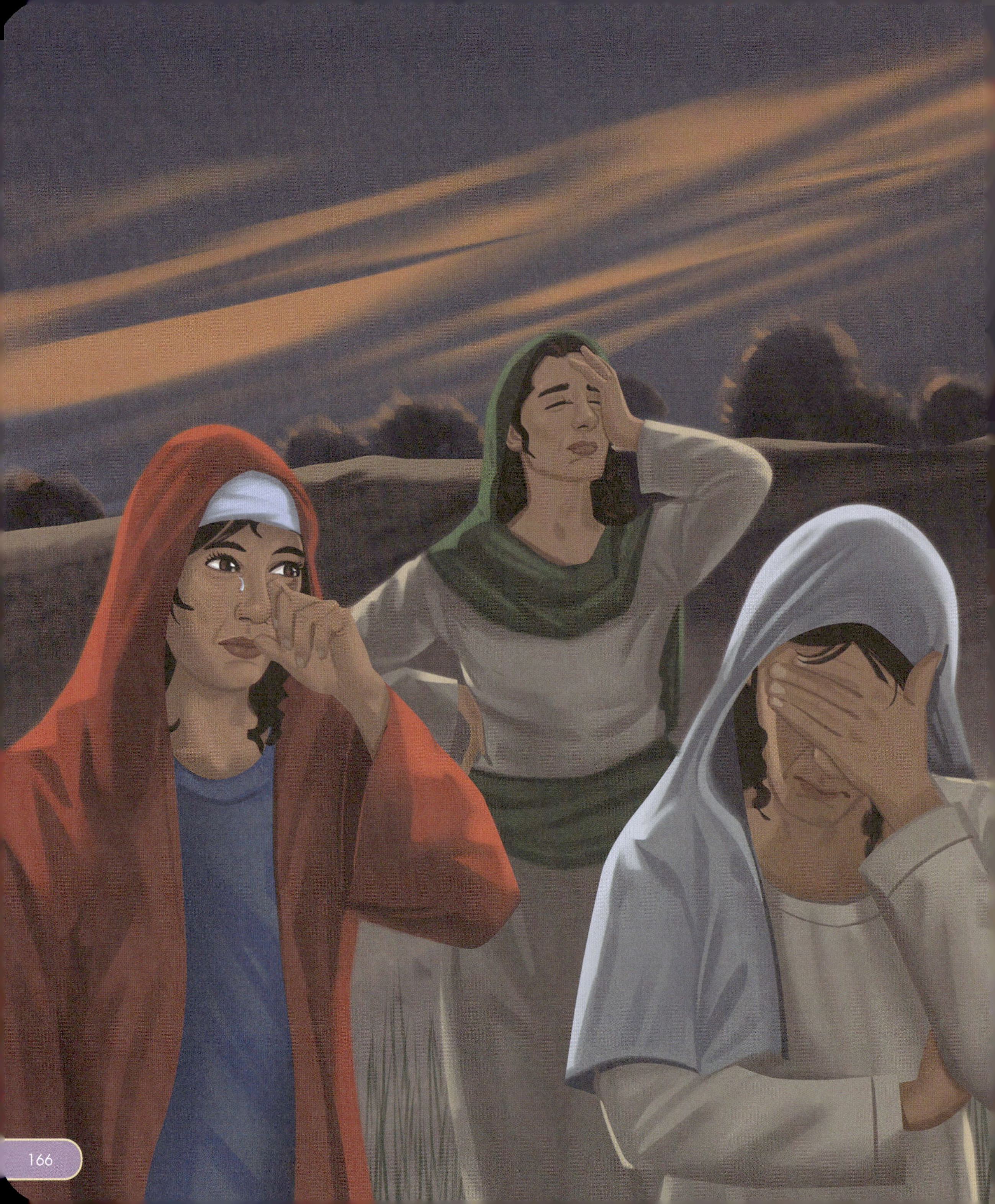

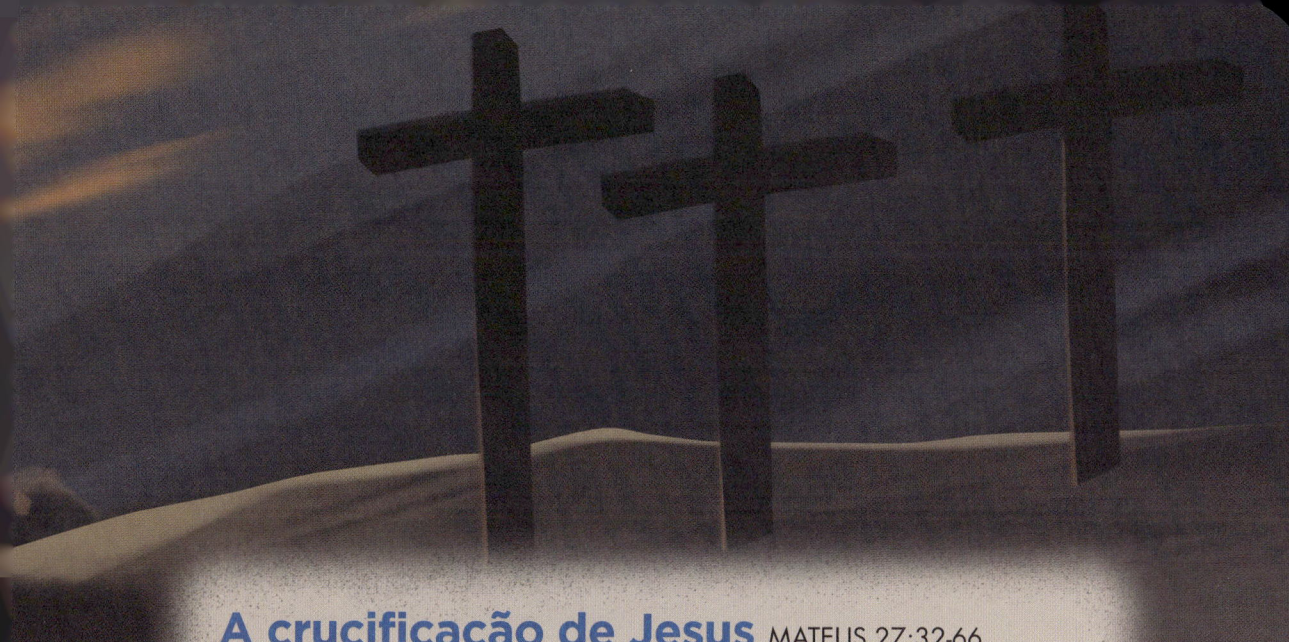

A crucificação de Jesus MATEUS 27:32-66

Jesus foi preso, ridicularizado, açoitado e forçado a carregar uma cruz para o lugar em que Ele seria morto. Os soldados o pregaram na cruz entre dois homens. As pessoas que passavam por ali zombavam de Jesus na cruz dizendo: "Se você é o Filho de Deus, salve-se a si mesmo!". Mas Jesus não tentou se salvar.

O céu escureceu e Jesus clamou a Deus: "Meu Deus, por que o Senhor me abandonou?". Logo depois, Jesus morreu.

Um homem rico chamado José levou o corpo de Jesus a uma tumba vazia. Ele enrolou o corpo de Jesus em um lençol e o colocou ali. José fechou a entrada da tumba com uma grande pedra.

Soldados foram enviados para guardar a tumba, assim ninguém poderia roubar o corpo de Jesus e dizer que Ele estava vivo.

Querido Deus, sou grato porque a história de Jesus não termina com Sua morte. Amém.

A ressurreição de Jesus MATEUS 28:1-10

Três dias após a morte de Jesus, Maria Madalena e Maria foram ao túmulo onde Jesus foi sepultado. Um forte terremoto sacudiu o chão e as mulheres viram um anjo do Céu.

O anjo rolou a pedra para longe da entrada da tumba e sentou-se sobre ela. O anjo disse às mulheres: "Não tenham medo! Sei que vocês estão procurando Jesus, que foi crucificado, mas ele não está aqui. Jesus está vivo!".

O anjo continuou: "Eu vim lhes dizer para irem até os discípulos de Jesus e contarem a eles que Jesus ressuscitou". As mulheres estavam animadas, assustadas e felizes ao ouvirem o que o anjo falou. Então, elas começaram a correr pelo caminho do jardim para contar essa boa notícia aos discípulos.

De repente, elas encontraram Jesus. As mulheres se ajoelharam e adoraram ao Senhor. Ele disse às mulheres: "Não tenham medo. Vão aos meus discípulos e digam a eles para me encontrarem na Galileia".

Querido Deus, Aleluia! Jesus está vivo! Amém.

169

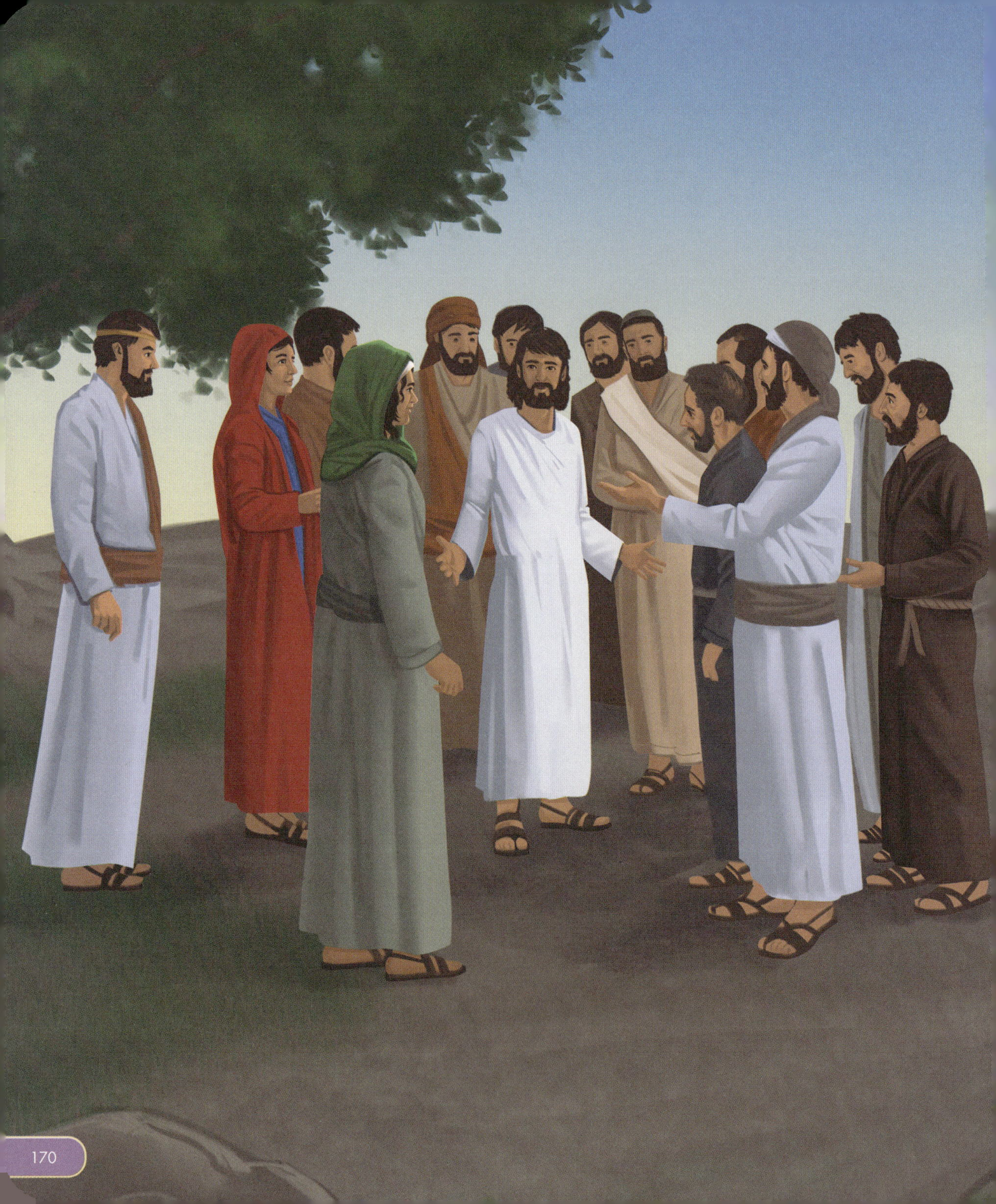

A grande comissão MATEUS 28:16-20

Maria Madalena e Maria disseram aos discípulos que Jesus estava vivo. Então, os discípulos foram a uma montanha na Galileia para esperar por Jesus. Quando Jesus apareceu aos discípulos, eles o viram e o adoraram. Jesus lhes disse: "Deus me deu todo o poder no céu e na terra".

Jesus deu aos discípulos instruções para compartilharem as boas-novas sobre Ele com o mundo. Jesus disse: "Vão a todas as pessoas e ensine-as sobre mim. Batize-as. Ensine-as a amar umas às outras e a fazer todas as outras coisas que eu ensinei a vocês. Estarei sempre com vocês, onde quer que vocês forem, o tempo todo".

Querido Deus, obrigado por sempre estar comigo. Amém.

Uma voz no deserto MARCOS 1:1-11

Jesus viajou de Sua casa em Nazaré para o lugar onde João Batista estava batizando pessoas, no rio Jordão. João batizou Jesus nesse rio.

Quando Jesus saiu da água, viu o Céu aberto, e o Espírito Santo, em forma de uma pomba, desceu sobre Ele. Então, uma voz vinda do Céu dizia: "Você é meu Filho. Eu o amo. Você me faz feliz".

Querido Deus, obrigado por me incluir em Sua família. Amém.

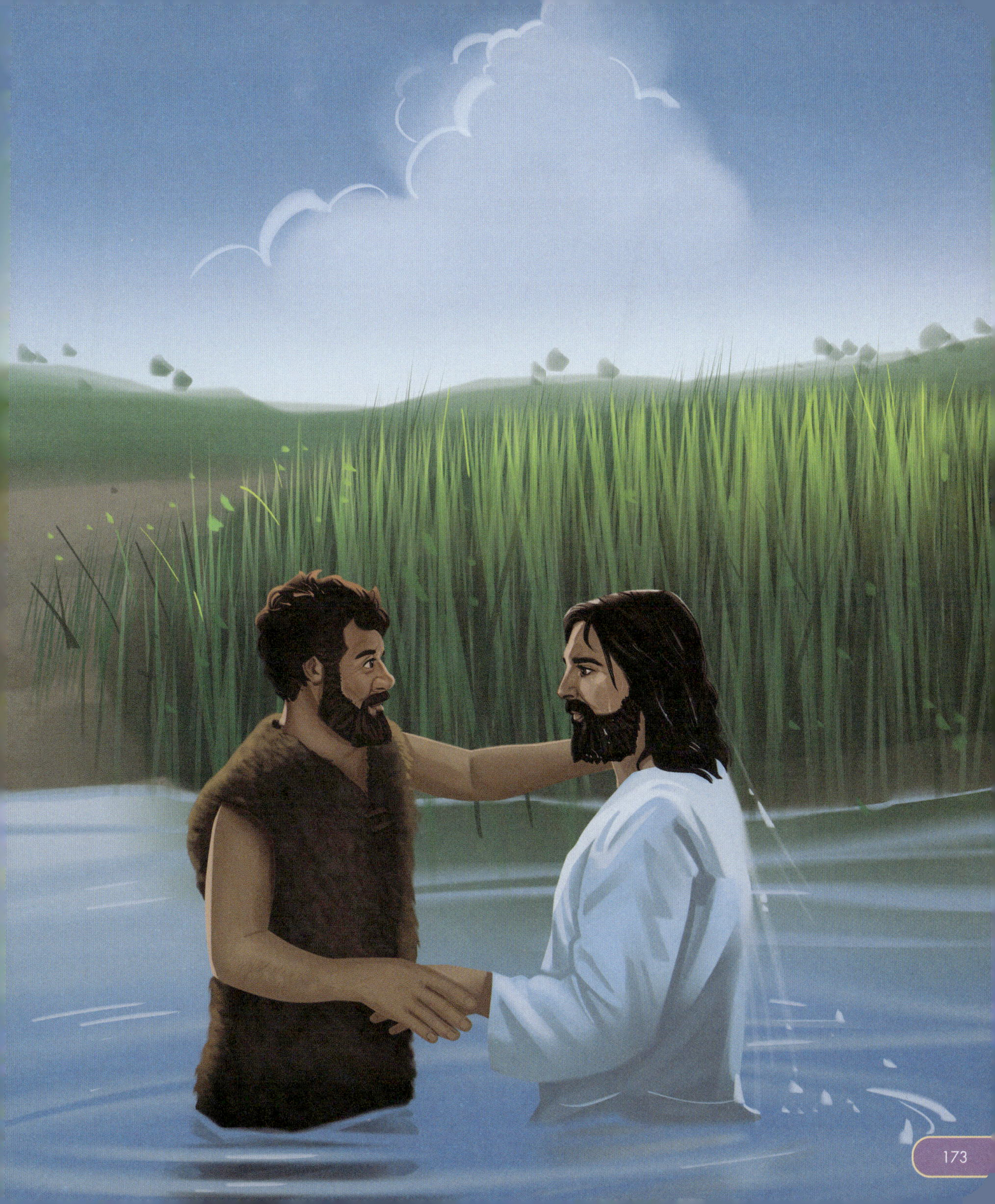

174

Os cinco amigos MARCOS 2:1-12

Jesus voltou para casa na cidade de Cafarnaum. Pessoas ouviram que Ele estava lá e foram vê-lo. Havia tantas pessoas em Sua casa que não havia espaço para mais ninguém! Jesus estava ensinando a multidão quando quatro homens chegaram carregando seu amigo paralítico numa esteira. Porém, por causa da multidão, eles não conseguiam chegar até Jesus.

Os quatro amigos não desistiram! Então, eles carregaram o homem paralítico até o telhado, fizeram uma abertura no teto da casa e baixaram seu amigo, em sua esteira, até Jesus. O Senhor viu a fé que eles tiveram e disse ao paralítico: "Você está perdoado! Levante-se e ande".

Imediatamente, o homem pegou sua esteira e saiu caminhando na frente da multidão. Todos ficaram maravilhados e louvaram a Deus!

Querido Deus, obrigado pelos amigos. Amém.

175

Jesus acalma a tempestade MARCOS 4:35-41

Jesus estava ensinando às multidões. No final do dia, Jesus disse aos discípulos, Seus amigos: "Vamos atravessar para o outro lado do lago". Eles entraram em um barco em que Jesus estava e foram.

De repente, fortes ventos começaram a soprar, e as águas batiam contra o barco! Os discípulos ficaram assustados, enquanto Jesus dormia na parte de trás do barco. Os discípulos acordaram Jesus e disseram: "Mestre, você não se importa que estejamos nos afogando?".

Jesus se levantou e disse ao vento: "Silêncio! Fique quieto!". O vento parou e tudo se aquietou. Jesus perguntou aos discípulos: "Por que é que vocês são assim tão medrosos? Vocês ainda não têm fé?".

Os discípulos ficaram maravilhados por causa do que Jesus fez. Eles olharam uns para os outros e disseram: "Quem é este homem que manda até no vento e nas ondas?!".

Querido Deus, o Senhor é um Deus maravilhoso. Amém.

177

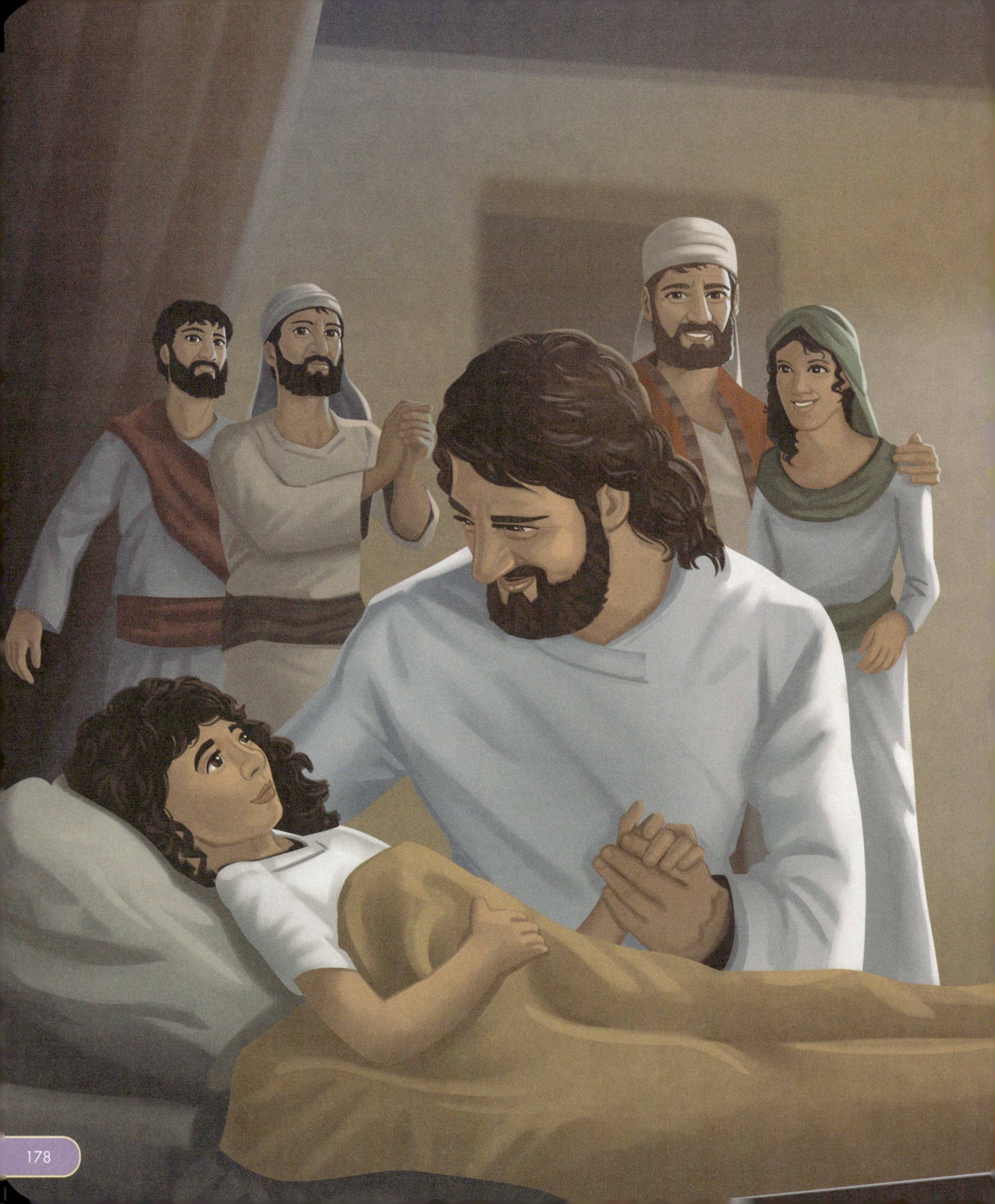

A filha de Jairo MARCOS 5:21-43

Pessoas se aglomeravam em volta de Jesus. Jairo, um líder importante, veio correndo até Jesus. Ele se jogou aos Seus pés. "Jesus!", Jairo clamou, "Minha filha está realmente doente. Por favor, venha e faça ela melhorar".

Jesus e Seus discípulos seguiram Jairo até sua casa. Alguns amigos de Jairo disseram a ele: "Sua filha está morta. Jesus não deveria vir". Mas Jesus discordou e disse para Jairo: "Não tenha medo. Continue confiando."

Jesus pegou três de Seus seguidores e foi até a filha de Jairo. Ela estava deitada em uma cama. Sua mãe estava ao lado da cama, chorando. "Por que você está chorando?", perguntou Jesus. "A criança não está morta. Ela está apenas dormindo". Então Jesus pegou a mão da menina e disse: "Menina, levante-se!". Ela se levantou e começou a andar pela casa.

Querido Deus, obrigado por me ajudar a ter esperança. Amém.

Enviados dois a dois MARCOS 6:7-13

Jesus chamou Seus doze amigos e os enviou dois a dois dizendo: "Quero que vocês vão, curem doentes e preguem as boas-novas. Não levem nada com vocês em sua viagem. Cada um pode levar apenas uma bengala. Não levem pão, bolsas ou dinheiro. Vocês podem usar sandálias, mas não usem duas túnicas".

Então Jesus disse aos Seus amigos como se comportar. Jesus disse: "Escolham uma casa onde sejam bem-vindos. Fiquem nessa casa até saírem daquele lugar. Se não forem bem-vindos, deixem a cidade e sacudam o pó das suas sandálias. Orem pelas pessoas, curem-nas e façam com que fiquem bem".

Querido Deus, obrigado por amigos que me ajudam a compartilhar o Seu amor. Amém.

Domingo de ramos MARCOS 11:1-11

Jesus e Seus amigos estavam caminhando para Jerusalém. Ao passarem por uma cidade pequena, Jesus parou. "Vão para aquela cidade", disse Jesus a dois de Seus amigos. "Lá, encontrarão preso um jumentinho que ainda não foi montado. Desamarrem o animal e o tragam aqui. Se alguém perguntar por que vocês estão fazendo isso, digam que o Mestre precisa dele, mas o devolverá logo".

Então, os dois amigos foram e acharam o jumentinho. Eles levaram o jumentinho para Jesus, puseram seus casacos sobre o animal, e, em seguida, Jesus o montou e entrou na cidade.

Quando as pessoas da cidade souberam que Jesus estava vindo, correram para vê-lo. Algumas pessoas estenderam seus casacos no caminho, e outras agitavam ramos de palmeiras enquanto seguiam atrás de Jesus montado no jumento. Muitas delas gritavam: "Hosana!".

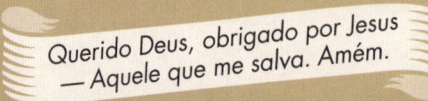

Querido Deus, obrigado por Jesus — Aquele que me salva. Amém.

183

A última ceia MARCOS 14:12-26

Os discípulos de Jesus perguntaram a Ele onde deveriam preparar a ceia de Páscoa. Jesus disse a dois dos discípulos o que fazer: "Vão à cidade de Jerusalém. Um homem carregando um jarro de água os encontrará. Sigam-no. Quando ele entrar em uma casa, diga ao proprietário que o Mestre e Seus discípulos comerão lá na sala reservada para hóspedes. É nela que vocês devem preparar a refeição de Páscoa". Os discípulos fizeram exatamente o que Jesus disse e prepararam a refeição de Páscoa.

Naquela noite, Jesus e Seus doze amigos chegaram para a ceia de Páscoa. Enquanto comiam, Jesus pegou o pão, abençoou, partiu e deu aos discípulos dizendo: "Peguem; isto é o meu corpo". Em seguida, Jesus pegou o cálice, agradeceu a Deus e depois deu aos discípulos. Todos beberam do suco. Então, Jesus disse: "Este é o cálice da nova aliança: o meu sangue, que é derramado em favor de muitos". Jesus e os discípulos terminaram a refeição, cantaram canções de louvor e depois foram para o monte das Oliveiras.

Querido Deus, ajuda-me a sempre lembrar de Jesus quando compartilho pão e suco com outras pessoas. Amém.

A crucificação MARCOS 15:1-47

Jesus foi preso e os líderes religiosos o interrogaram. Eles não gostaram de ouvir Jesus dizer que era o Cristo, então eles concordaram entre si de matá-lo. Eles levaram Jesus a Pilatos para que o governo o matasse. Pilatos libertaria um prisioneiro durante a Festa da Páscoa. Era uma sexta-feira, e Pilatos perguntou à multidão se deveria libertar Jesus ou o homem que tinha matado uma pessoa. A multidão queria que Jesus fosse morto, então Pilatos soltou o outro homem.

Os soldados levaram Jesus para ser morto em uma cruz. Eles o colocaram entre dois outros homens. Pessoas zombavam e eram cruéis com Jesus, mas Ele as deixou fazer o que quisessem. O mundo ficou escuro. Jesus clamou a Deus e depois morreu.

Um soldado assistindo tudo disse: "De fato, este homem era o Filho de Deus!". Jesus foi tirado da cruz e sepultado em uma tumba. Mas isso não foi o fim da história. Logo no domingo, Jesus viveu novamente!

Querido Deus, obrigado por fazer algo bom de uma coisa tão ruim. Amém.

187

Isabel e Zacarias LUCAS 1:5-25

Havia um sacerdote judeu chamado Zacarias. Ele era casado com Isabel. Eles queriam ser pais, mas os dois já eram bem idosos. Assim, eles não achavam mais que, um dia, teriam um bebê.

Certa vez, Zacarias estava trabalhando no Templo e entrou no santuário para queimar incenso, quando um anjo apareceu! Zacarias ficou receoso, mas o anjo lhe disse: "Não tenha medo, Zacarias, pois Deus ouviu a sua oração! A sua esposa vai ter um filho, e você porá nele o nome de João. Ele servirá a Deus e ajudará as pessoas a se prepararem para a vinda do Salvador".

Zacarias não acreditou no anjo porque não fazia sentido. Ele e Isabel eram velhos demais! "Porque você não acreditou, Zacarias, você ficará mudo até o nascimento de João."

Zacarias voltou para casa. Isabel ficou grávida pouco depois!

Querido Deus, obrigado pelas bênçãos inesperadas! Amém.

189

A história de Maria LUCAS 1:26-38,46-47

Maria vivia na cidade de Nazaré. Maria estava prestes a se casar com José, um carpinteiro cuja família morava em Belém.

Um dia Maria ouviu uma voz. Olhando para cima, ela viu um anjo bem próximo. No começo, Maria se assustou!

Mas o anjo Gabriel falou com ela, dizendo: "Não tenha medo, Maria! Deus está contente com você.

"Vim lhe dar boas notícias! Você ficará grávida, dará à luz um menino e o chamará de Jesus. Ele é o Filho de Deus e mostrará a todo mundo como amar."

Maria ouviu atentamente, e, como o seu coração estava cheio de alegria, declarou: "Eu sou uma serva de Deus. Farei o que Ele deseja que eu faça".

Maria ficou tão contente que cantou: "Com todo o meu coração, eu louvo a Deus!".

Querido Deus, obrigado por felizes surpresas. Amém.

Nasce um bebê LUCAS 2:1-7

Maria e José haviam percorrido um longo caminho de Nazaré até Belém. O imperador decretou que todos fossem à sua cidade natal para ser feita a contagem da população. José era de Belém, então ele e Maria tiveram que ir a Belém. Foi uma viagem difícil — o bebê de Maria nasceria muito em breve!

Belém estava lotada de pessoas e agitada. Não havia espaço para Maria e José em nenhuma hospedaria. Então, naquela noite especial, o menino Jesus nasceu. Maria o envolveu em um pano e o deitou numa manjedoura.

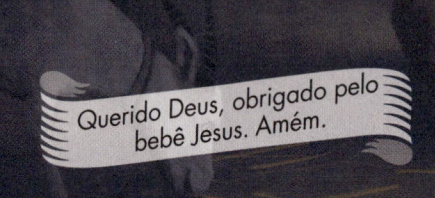

Querido Deus, obrigado pelo bebê Jesus. Amém.

193

A visita dos pastores LUCAS 2:8-20

Na noite em que Jesus nasceu, os pastores, nos campos ao redor de Belém, cuidavam de suas ovelhas. Um anjo apareceu a eles e lhes disse: "Não tenham medo! Hoje em Belém nasceu um bebê para todos! O bebê é o Filho de Deus. O nome do bebê é Jesus! Vocês o encontrarão deitado em uma manjedoura".

Os pastores disseram: "Vamos até Belém para ver esse bebê especial!". Os pastores foram e encontraram Maria, José e o menino Jesus. Eles contaram a eles o que os anjos disseram sobre aquele bebê.

Os pastores louvaram a Deus por deixá-los ver este bebê tão especial: Jesus.

Querido Deus, ajude-me a querer conhecer Jesus como os pastores. Amém.

195

Simeão e Ana LUCAS 2:25-38

Foi um dia especial para o menino Jesus. José e Maria levaram Jesus ao Templo pela primeira vez. Ele seria dedicado a Deus ali.

Simeão viu a sagrada família entrar no Templo de Deus. Simeão era um idoso que amava muito a Deus. Ele foi até Maria e José e perguntou se ele poderia segurar Jesus. "Isso é tudo pelo que vivi", disse Simeão. "Há muito tempo, Deus me prometeu que eu viveria o suficiente para ver o Messias, e aqui está Ele!" Simeão ficou tão feliz que cantou louvores a Deus.

Uma idosa chamada Ana veio ver o menino Jesus. Ana era profetisa. Ela viu o rosto de Jesus e declarou que Ele era o Messias, para todos que podiam ouvi-la. Ela louvou a Deus pelo bebê Jesus.

Querido Deus, obrigado por Jesus! Amém.

197

198

Conversa com os mestres LUCAS 2:39-52

Todos os anos, Maria e José levavam Jesus a Jerusalém para celebrar a Páscoa. Quando Jesus tinha 12 anos, eles foram a Jerusalém para celebrar a Páscoa como faziam todos os anos.

Quando o feriado terminou, Maria e José voltaram caminhando para casa. Eles logo perceberam que Jesus não estava com eles! Maria e José voltaram pelo caminho procurando Jesus, mas eles não conseguiam encontrá-lo.

Depois de três dias, Maria e José finalmente o encontraram.

Jesus estava no Templo conversando com os líderes. Jesus sabia tanto sobre Deus que os líderes ficaram admirados!

Maria disse: "Filho, por que você fez isso conosco? Nós ficamos preocupados! Temos procurado por você em todo lugar!".

Jesus não entendeu por que Maria estava aborrecida. Ele perguntou para ela: "Você não sabia que eu estaria no Templo, a casa do meu Pai?".

Jesus voltou a Nazaré com Maria e José e obedeceu aos dois. Jesus cresceu e tornou-se sábio. Deus estava contente com Jesus, e as pessoas também.

Querido Deus, ajude-me a aprender e a crescer em Sua presença. Amém.

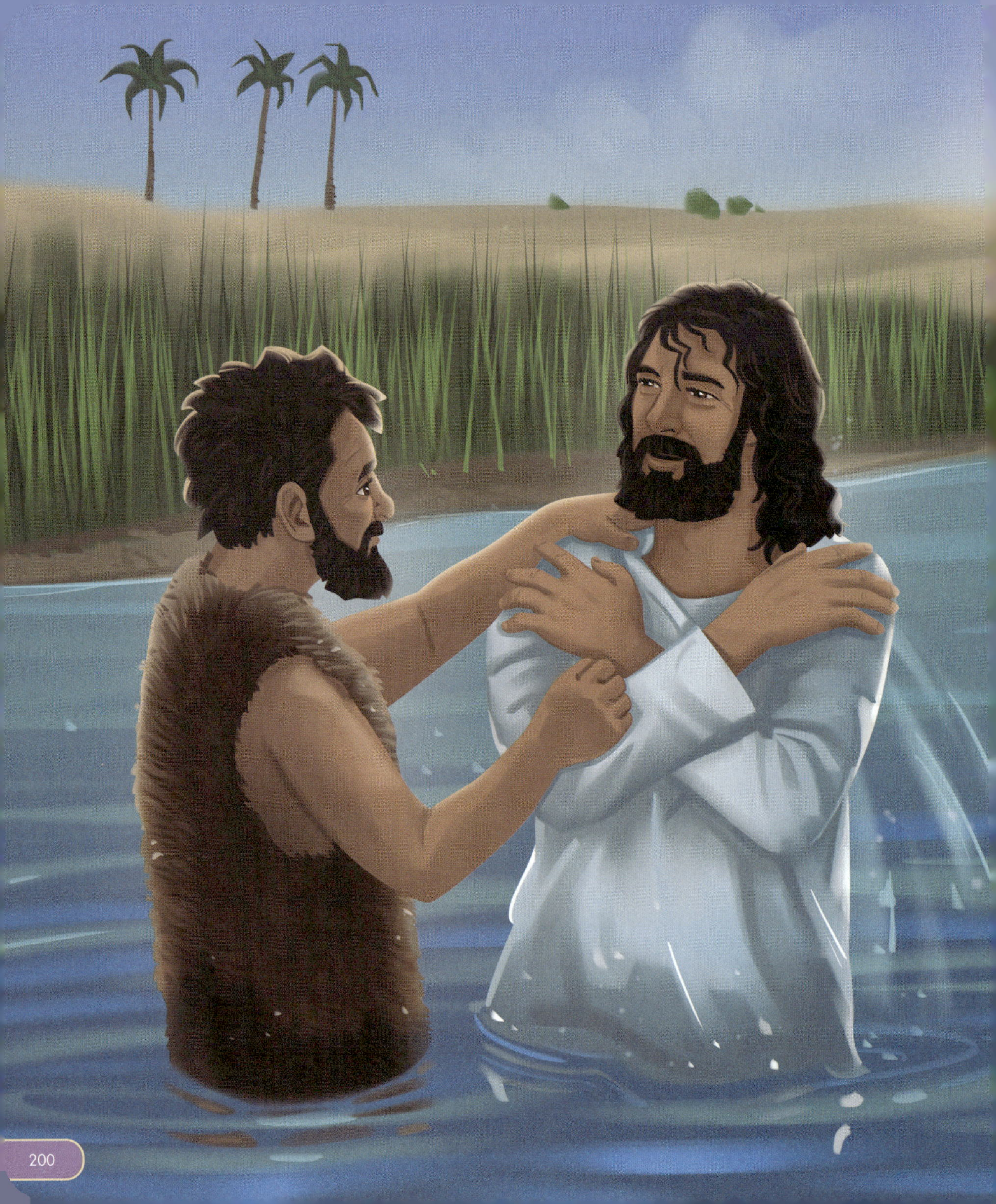

Jesus é batizado LUCAS 3:1-22

João Batista estava em pé no rio Jordão e dizia: "Entre na água e seja batizado". Muitas pessoas vinham para serem batizadas e ouvirem João ensinar sobre Deus.

"Mude seu coração e vida", disse João. "Mostre a todos que você quer viver da maneira que Deus quer que você viva."

Uma a uma, as pessoas entravam no rio. E sentiam a água fria em torno de delas. Quando João as batizou com essa água fria, elas sentiram o amor de Deus.

Certo dia, Jesus veio ao rio Jordão. João batizou Jesus com a água fria do rio. Quando Jesus foi batizado, o Espírito Santo desceu na forma de uma pomba sobre ele. E do céu veio uma voz, que disse: "Você é meu Filho, a quem eu amo muito".

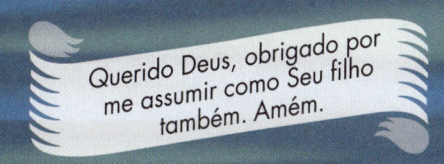

Querido Deus, obrigado por me assumir como Seu filho também. Amém.

Jesus é tentado LUCAS 4:1-13

Depois que Jesus foi batizado, Ele foi ao deserto por 40 dias para se preparar para o Seu ministério. O diabo apareceu para tentar Jesus.

"Veja essas pedras no chão", disse o diabo. "Transforme essas pedras em pão. Eu sei que você está com fome." Mas Jesus disse: "Não. As Escrituras dizem que as pessoas não vivem apenas de comer pão".

O diabo tentou uma segunda vez. Ele levou Jesus ao topo da montanha. "Veja todos os reinos do mundo! Se você me adorar, eu deixarei você ser rei sobre eles." Mas Jesus disse: "Não. As Escrituras dizem que devemos adorar e servir somente a Deus".

O diabo decidiu tentá-lo uma terceira vez. Ele levou Jesus ao topo do Templo de Deus. "Vá em frente e pule. Você sabe que não vai se machucar, pois é Filho de Deus." Mas Jesus disse: "Não. As Escrituras dizem que não devemos testar a Deus". O diabo desistiu e foi embora. Jesus estava novamente sozinho no deserto, pensando em Deus e no que Deus queria que Ele fizesse.

Querido Deus, ajude-me a fazer boas escolhas quando eu for tentado. Amém.

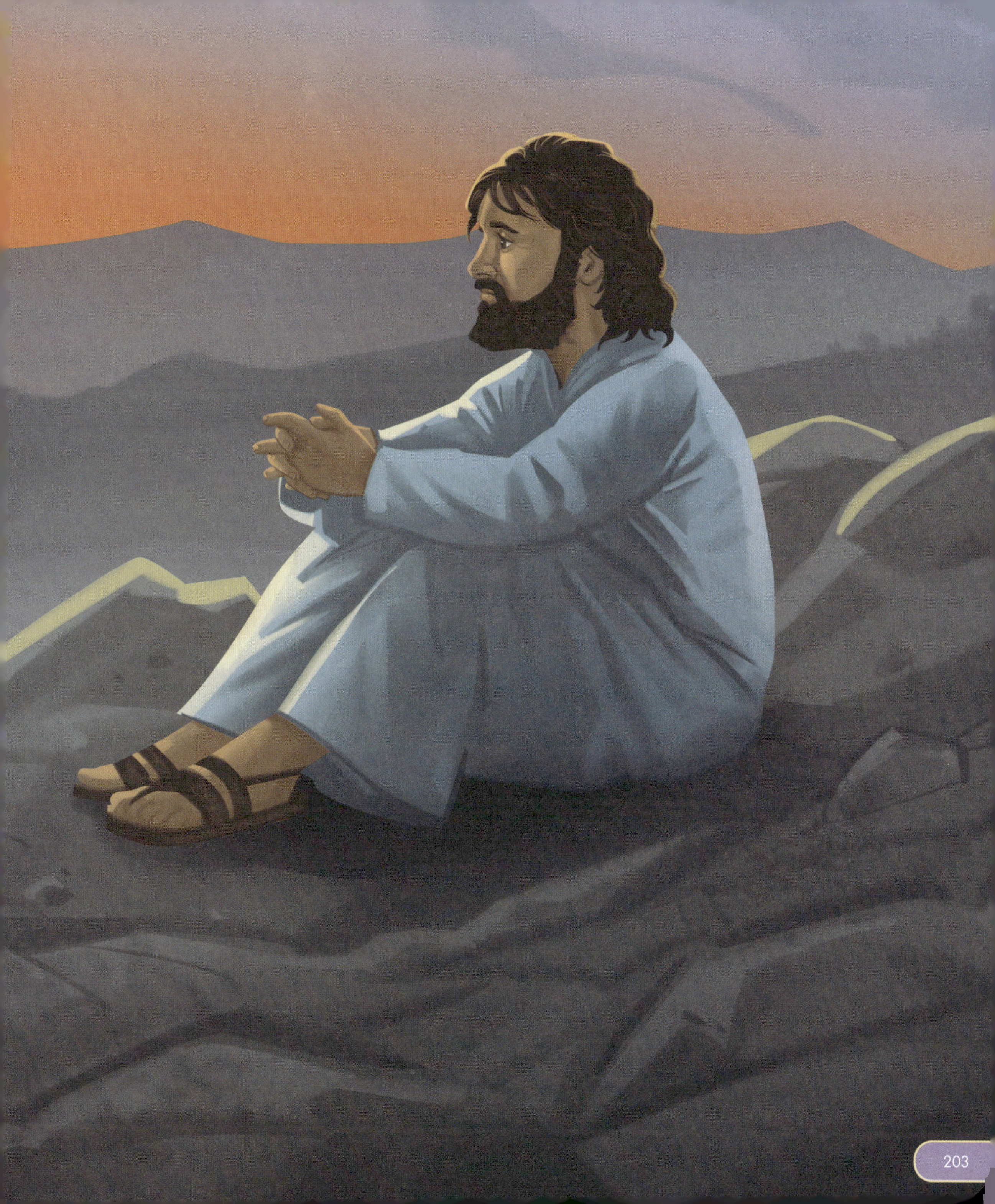

204

Jesus traz boas-novas LUCAS 4:14-30

Jesus viajou de volta para a cidade onde tinha crescido. Era o dia de adorar a Deus, então Ele foi à sinagoga. Jesus recebeu um pergaminho para ler. Ele leu: "O Espírito de Deus está em mim. Deus me escolheu para trazer boas-novas aos pobres, prisioneiros, cegos e maltratados e anunciar que a bênção de Deus chegou".

Todo mundo estava olhando para Ele. Então, Jesus disse: "Essas palavras se tornaram realidade hoje". As pessoas ficaram maravilhadas.

Jesus disse ao povo que Ele planejava agir como os profetas Elias e Eliseu. Eles curaram pessoas, mesmo que essas pessoas não fossem israelitas. Isso deixou as pessoas com raiva! Elas perseguiram Jesus em direção a um penhasco, mas Jesus passou por entre a multidão e continuou o Seu caminho.

Querido Deus, obrigado pelas boas-novas — todos podem receber o Seu amor! Amém.

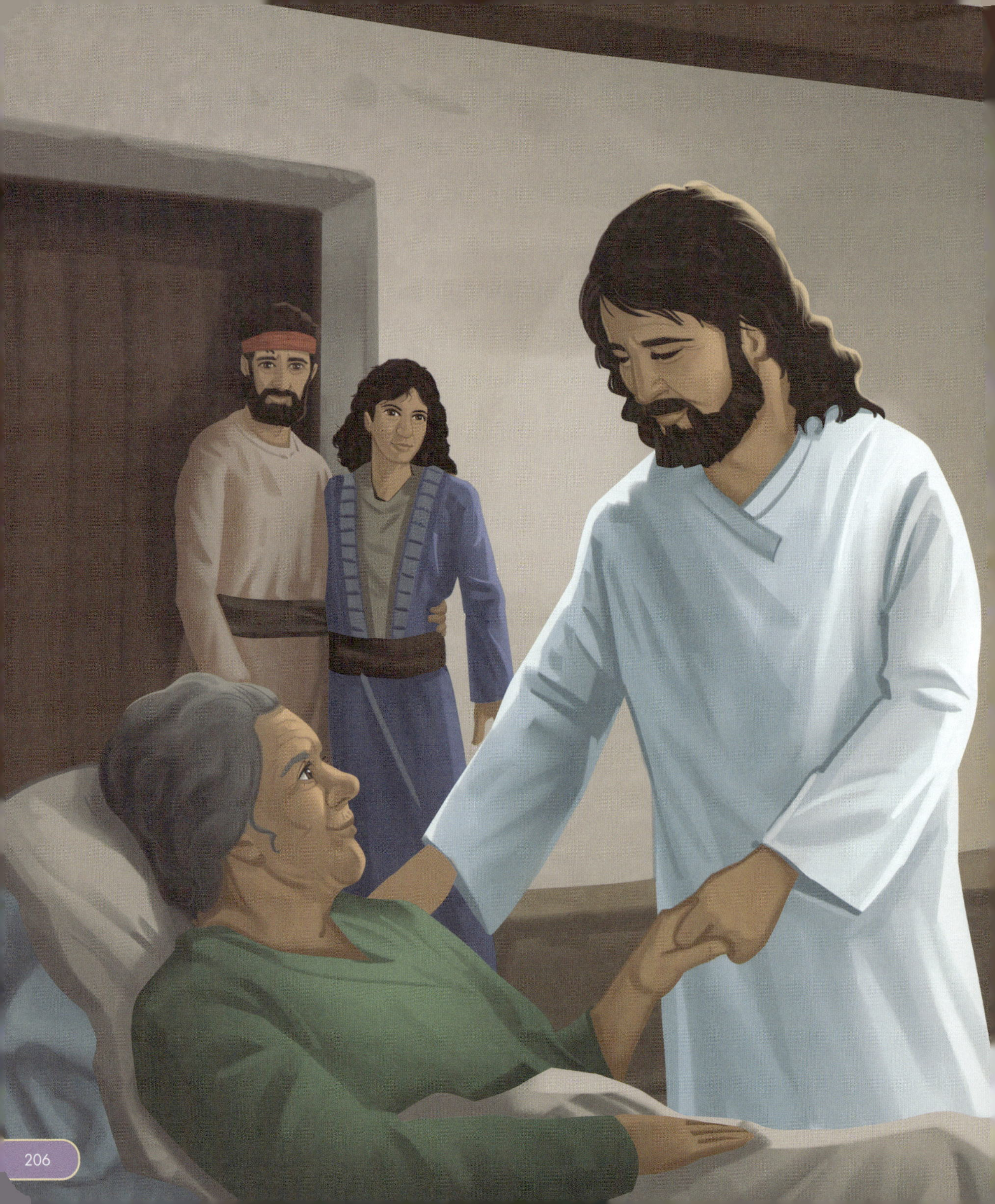

Jesus cura LUCAS 4:38-44

Jesus caminhou da cidade de Nazaré para a cidade de Cafarnaum. Enquanto Ele estava lá, ensinou as pessoas sobre o amor de Deus.

Então Jesus foi com Pedro à casa dele. A sogra de Pedro estava doente. Ela estava com febre alta. Jesus inclinou-se e falou com ela. Imediatamente, a febre foi embora. A sogra de Pedro se sentiu muito melhor!

Muitas pessoas trouxeram seus amigos a Jesus para que Ele pudesse fazê-los se sentirem melhor. Jesus os tocou e os curou. Então Jesus foi para outra cidade para ensinar às pessoas sobre o amor de Deus.

Querido Deus, obrigado pelas pessoas que me ajudam a me sentir melhor quando estou doente. Amém.

Jesus chama Levi LUCAS 5:27-32

Jesus viu um cobrador de impostos chamado Levi. Jesus foi até Levi e disse: "Siga-me". Levi levantou-se da mesa e seguiu Jesus.

Levi disse a Jesus: "Venha comer em minha casa. Eu quero dar um banquete para você".

Jesus sentou-se para comer com Levi e seus amigos. Os amigos de Levi também eram cobradores de impostos. Muita gente não gostava de coletores de impostos. Às vezes, os coletores de impostos mentiam. Às vezes, eles trapaceavam e roubavam.

Algumas pessoas se queixaram para Jesus. Elas perguntaram: "Por que você se senta e come com pessoas que fazem coisas ruins?".

Jesus respondeu: "Eu não vim para chamar os bons, mas para chamar os pecadores, para que se arrependam dos seus pecados".

Querido Deus, obrigado por me incluir em Sua família. Amém.

209

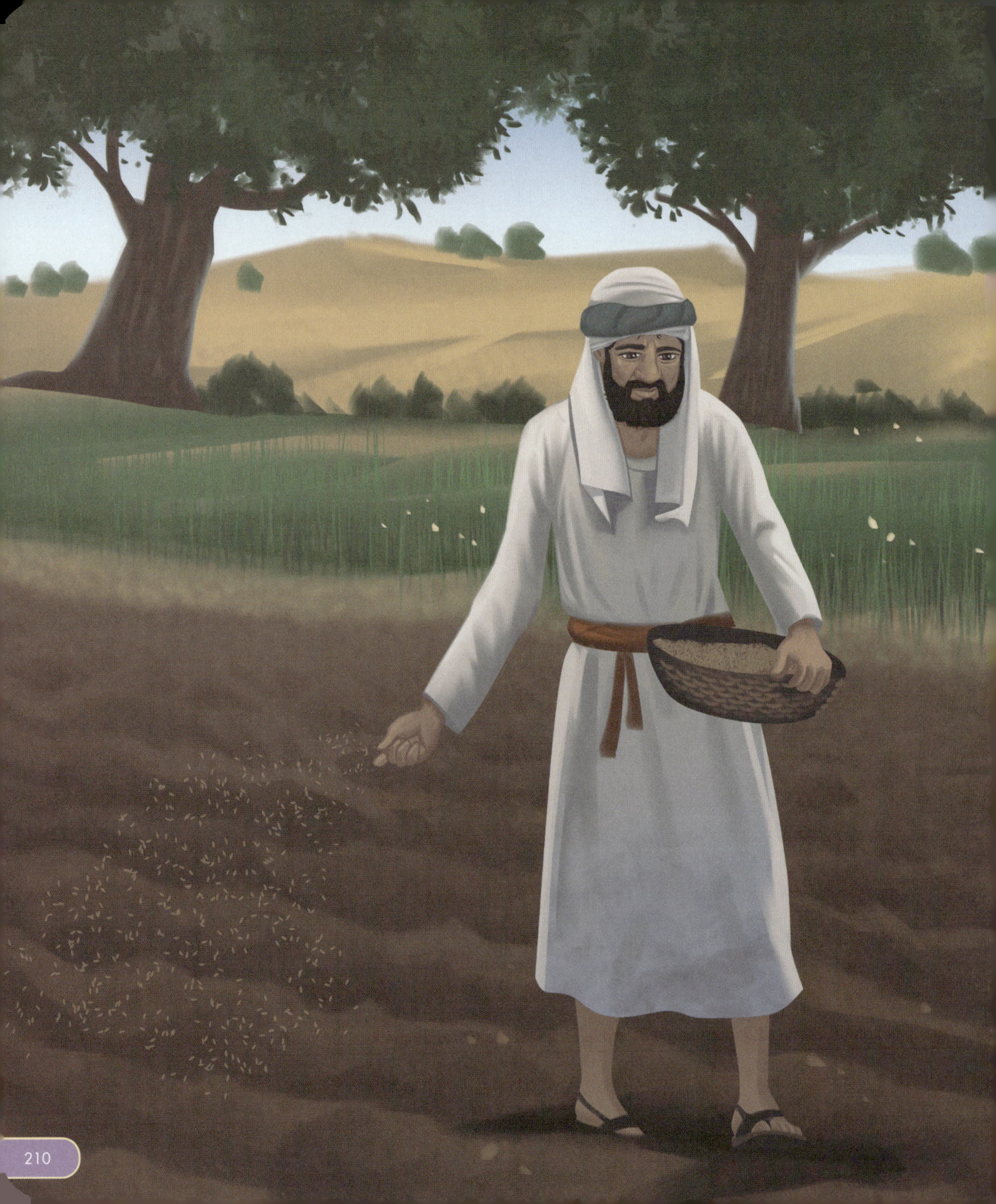

O semeador LUCAS 8:4-15

Jesus ensinou a muitas pessoas contando histórias. Jesus contou à multidão a seguinte história: Um fazendeiro espalhou sementes. Algumas das sementes caíram no caminho e foram comidas pelos pássaros. Algumas das sementes caíram entre rochas, mas, à medida que as sementes cresceram, as plantas secaram.

Algumas das sementes caíram perto de plantas espinhosas, e os espinhos as sufocaram. E outras sementes caíram em solo bom e cresceram bastante. Jesus então disse: "Prestem atenção nessa história!".

Jesus explicou: "A semente é a mensagem de Deus. As sementes que caíram no caminho representam pessoas que ouvem a mensagem de Deus, mas ela não significa nada para essas pessoas. As sementes que caíram nas rochas representam pessoas que ouvem a mensagem de Deus, acreditam nela por um tempo, mas logo a esquecem. As sementes que caíram entre as plantas espinhosas representam as pessoas que ouvem a mensagem de Deus, mas deixam que o medo e a preocupação as impeçam de viver da maneira que Deus deseja. Porém, as sementes que caíram em solo bom representam as pessoas que ouvem a mensagem de Deus e vivem da maneira que Deus deseja".

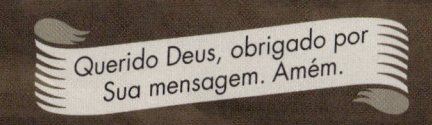

Querido Deus, obrigado por Sua mensagem. Amém.

O bom samaritano LUCAS 10:25-37

Jesus foi questionado: "Quem é meu próximo?". Para responder à pergunta, Jesus contou esta história:

Havia um homem caminhando por uma estrada perigosa, e ele foi espancado por ladrões e deixado à beira da estrada. Enquanto o homem estava lá, um sacerdote passou. Quando ele viu o homem ferido, atravessou para o outro lado da estrada para passar longe do homem ferido. Um levita, alguém que trabalhava em uma sinagoga, também caminhava por essa estrada perigosa. Porém, quando ele viu o homem ferido, tratou de atravessar para o outro lado da estrada também.

Mas um samaritano que também viajava por essa estrada perigosa, quando viu o homem ferido, sentiu compaixão. Ele sabia que o certo era ajudar aquele homem ferido. Então, o samaritano enfaixou as feridas do homem, colocou-o sobre o seu animal e o levou a uma estalagem para que cuidassem dele.

Querido Deus, ajude-me a demonstrar compaixão por todas as pessoas, mesmo pelas pessoas que eu acho que são minhas inimigas. Amém.

213

214

Maria e Marta LUCAS 10:38-42

Jesus e Seus discípulos estavam viajando e precisavam de um lugar para descansar. As amigas de Jesus, Maria e Marta, convidaram Jesus para ficar com elas. Quando Jesus chegou à casa, Maria sentou-se aos Seus pés para ouvi-lo, e Marta serviu a todos.

Marta estava cansada e achou injusto quando viu Maria sentada aos pés de Jesus. Ela queria que Maria a ajudasse.

"Jesus, não é justo que Maria não esteja ajudando. Diga a ela para me ajudar!", disse Marta.

"Marta, o que Maria tem feito é importante", disse Jesus. "Maria escolheu estar perto de mim e aprender sobre Deus. É mais importante estar perto de mim."

Querido Deus, ajude-me a saber quando é a hora de aprender e a hora de servir. Amém.

A semente de mostarda e o fermento
LUCAS 13:18-21

Jesus perguntou: "Como é o reino de Deus? Com o que posso comparar o reino de Deus? O reino de Deus é como uma pequena semente de mostarda que alguém plantou em um jardim. A semente de mostarda cresceu, e cresceu, e se tornou uma árvore. Ela ficou tão grande que os pássaros fizeram ninhos em seus galhos".

Jesus continuou: "O reino de Deus é como fermento que uma mulher escondeu na farinha. O fermento fez toda a farinha crescer em uma massa bem grande".

Querido Deus, obrigado por Seu reino.
Ele cresce e cresce! Amém.

217

218

Histórias sobre perdas LUCAS 15:3-10

Jesus estava ensinando a uma grande multidão contando histórias chamadas parábolas. Ele contou a elas essa parábola: "Imagine se tivessem 100 ovelhas e uma delas se perdesse. Você percebendo essa perda não deixaria as 99 ovelhas no aprisco para encontrar essa ovelha perdida? Quando você a encontrasse, certamente reuniria todos os seus amigos e vizinhos e faria uma festa para comemorar, pois teria achado a ovelha que tinha se perdido e, agora, seu rebanho estaria completo novamente".

Jesus continuou Seu ensinamento contando outra parábola: "Imagine uma mulher que tinha dez moedas de prata e perdeu uma. Você não acha que ela acenderia uma lâmpada e procuraria por essa moeda perdida até encontrá-la? Quando ela a encontrasse, ela chamaria suas amigas e vizinhas e comemoraria por ter encontrado a moeda perdida. Pois agora ela teria todas as moedas novamente".

Querido Deus, ajude-me a perceber quem não tem o Senhor como amigo. Amém.

O pai perdoador LUCAS 15:11-32

Havia um homem com dois filhos. O mais novo disse: "Pai, quero que me dê minha parte da herança". O pai dividiu seu dinheiro e deu a metade ao filho mais novo. Esse filho pegou o dinheiro e saiu em uma viagem. Ele desperdiçou todo o dinheiro que tinha recebido. Como estava com fome, ele teve que comer a mesma comida que os porcos. Então, o filho mais novo decidiu voltar para casa e ver se o pai lhe daria um emprego.

Esse filho ainda vinha longe, quando o pai o avistou. O pai correu ao encontro do filho, o abraçou e o beijou. O filho mais novo disse: "Pai, fiz uma má escolha. Eu não mereço ser seu filho". Mas o pai o perdoou e deu uma festa servindo a melhor comida para comemorar a volta do filho a casa. O irmão mais velho descobriu e ficou muito zangado. O pai veio até ele e implorou que ele fosse à festa.

Mas o filho mais velho se recusou e disse: "Eu sempre trabalhei para você e fiz tudo certo, e você nunca ofereceu uma festa para mim".

O pai disse: "Meu filho, você está sempre comigo, e tudo o que é meu é seu. Celebrar o retorno do seu irmão não muda o meu amor por você".

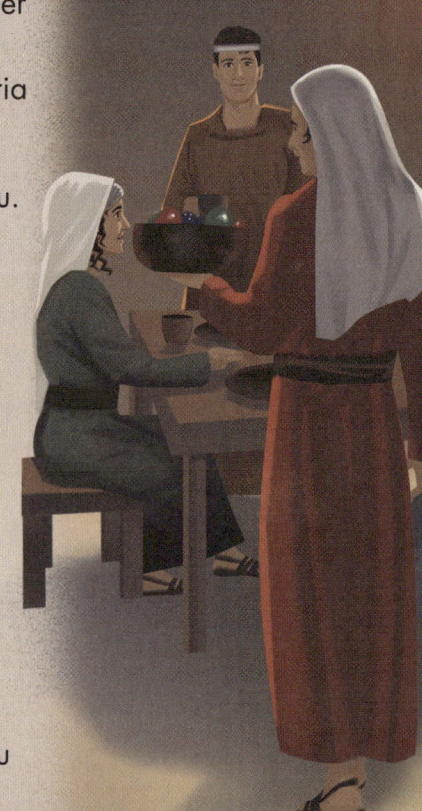

Querido Deus, obrigado pela família e amigos que me mostram o Seu amor. Amém.

221

Os dez leprosos LUCAS 17:11-19

Jesus estava caminhando para Jerusalém e no caminho viu dez homens. Eles estavam muito doentes. Os homens tinham uma doença de pele chamada lepra. Não era permitido que esses homens ficassem perto das pessoas, só um do outro. Os homens viram Jesus e gritaram: "Jesus, por favor, nos cure! Somos dez homens muito doentes!".

Jesus viu os dez leprosos e disse: "Vão e se apresentem aos sacerdotes". Os dez homens se viraram e começaram a andar para ver os sacerdotes, mas no caminho algo aconteceu. Os dez homens ficaram curados! Todas as manchas na pele deles desapareceram!

Um dos homens que foi curado voltou correndo para Jesus. O homem disse: "Obrigado, Jesus, por me curar!".

Jesus perguntou: "Não foram os dez homens curados? Por que apenas você voltou?". Então, Jesus disse a ele: "Você está curado porque teve fé".

Querido Deus, obrigado por me ver e me amar. Amém.

224

Zaqueu LUCAS 19:1-10

Um coletor de impostos chamado Zaqueu soube que Jesus estava percorrendo sua cidade e queria vê-lo. Como não conseguia por causa da multidão, pois ele era muito baixo, correu e subiu numa árvore. Quando Jesus chegou àquele lugar, olhou para cima e disse: "Zaqueu, desça depressa, pois hoje preciso ficar na sua casa".

Zaqueu desceu da árvore, feliz em receber Jesus na casa dele. A multidão ficou muito descontente com Jesus por ir na casa de um coletor de impostos. Eles reclamaram porque os cobradores de impostos eram conhecidos por serem injustos. Zaqueu ouviu o que as pessoas diziam. Então, ele olhou para Jesus e fez a seguinte promessa: "Senhor, eu vou dar a metade dos meus bens aos pobres. E, se roubei alguém, vou devolver quatro vezes mais".

Jesus sabia que Zaqueu tinha sido sincero ao dizer isso e lhe respondeu: "Zaqueu, hoje você foi salvo".

Querido Deus, ajude-me a ser honesto e gentil com todas as pessoas. Amém.

As dez moedas de ouro LUCAS 19:11-26

Jesus ensinou às pessoas contando histórias por meio de parábolas. Ele disse: "Havia um homem que pertencia a uma família importante. Ele decidiu ir para uma terra distante para lá ser coroado rei. Antes de partir, ele deu a dez servos muito dinheiro. Ele disse aos servos para multiplicarem essa quantia enquanto ele estivesse fora. O homem deixou os criados e, quando ele retornou, chamou cada um deles".

As pessoas ouviram Jesus um pouco mais: "O primeiro servo devolveu ao rei dez vezes mais do que a quantia que tinha recebido, então o rei deu a esse servo dez cidades. O segundo servo devolveu cinco vezes mais do que tinha recebido, então o rei deu ao servo cinco cidades. O terceiro servo veio e se apresentou ao rei, mas não fez o dinheiro que tinha recebido multiplicar. Isso deixou o severo rei zangado".

Querido Deus, sou grato por Seu reino ser diferente dos reinos da Terra. Amém.

227

228

As moedinhas da viúva LUCAS 21:1-4

Jesus e os discípulos estavam no Templo. Ele viu pessoas ricas colocarem dinheiro na caixa de ofertas. Jesus também viu uma viúva pobre jogar duas pequenas moedas de cobre no valor de um centavo.

Jesus disse aos Seus discípulos: "O certo é cuidarmos das viúvas. Em vez disso, ela teve que dar tudo o que tem ao Templo. Garanto a vocês que ela ofertou mais do que todos os outros, pois deu tudo o que tinha".

Querido Deus, ajude-me a ser uma pessoa generosa. Amém.

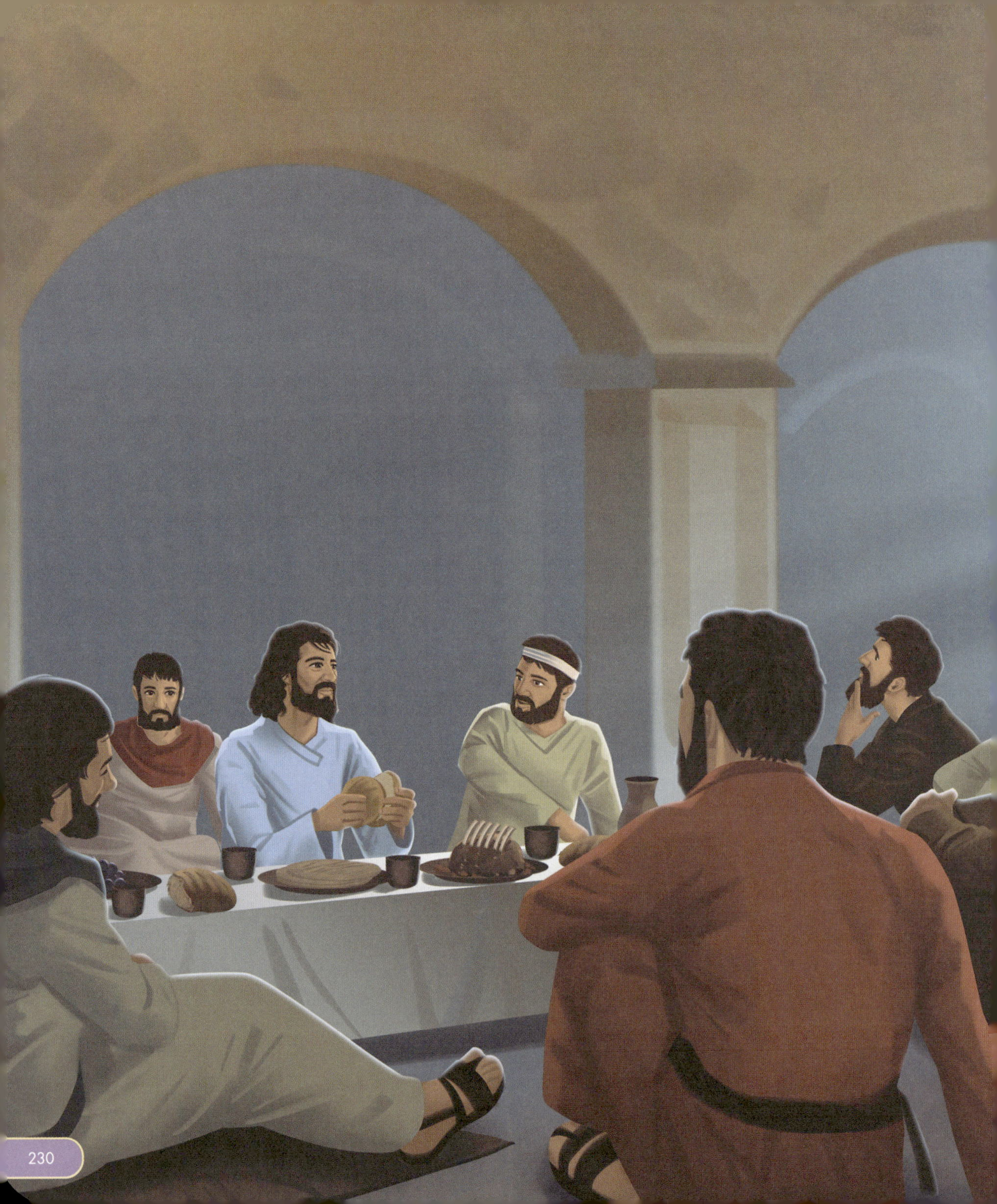

A última Ceia LUCAS 22:7-20

Jesus e Seus amigos tinham viajado para Jerusalém para celebrar a Festa da Páscoa. Jesus enviou Pedro e João à frente do grupo, dizendo: "Pedro e João, por favor, preparem a refeição da Páscoa para nós, para que possamos comer juntos".

Quando chegou a hora da refeição, Jesus e Seus amigos estavam sentados à mesa que Pedro e João haviam preparado. Jesus disse a Seus discípulos: "Fico feliz em comer esta refeição de Páscoa com vocês". Jesus segurou o cálice e deu graças a Deus. "Peguem este cálice e compartilhem", disse Jesus aos discípulos. Então Jesus pegou um pedaço de pão e o partiu. Então, abençoou o pão e deu a eles dizendo: "Façam isso para se lembrarem de mim". Depois do jantar, Jesus falou: "Este cálice é a nova aliança feita por Deus com o Seu povo. Bebam e lembrem-se de mim".

Querido Deus, obrigado pela Ceia de Páscoa que me faz lembrar de Jesus. Amém.

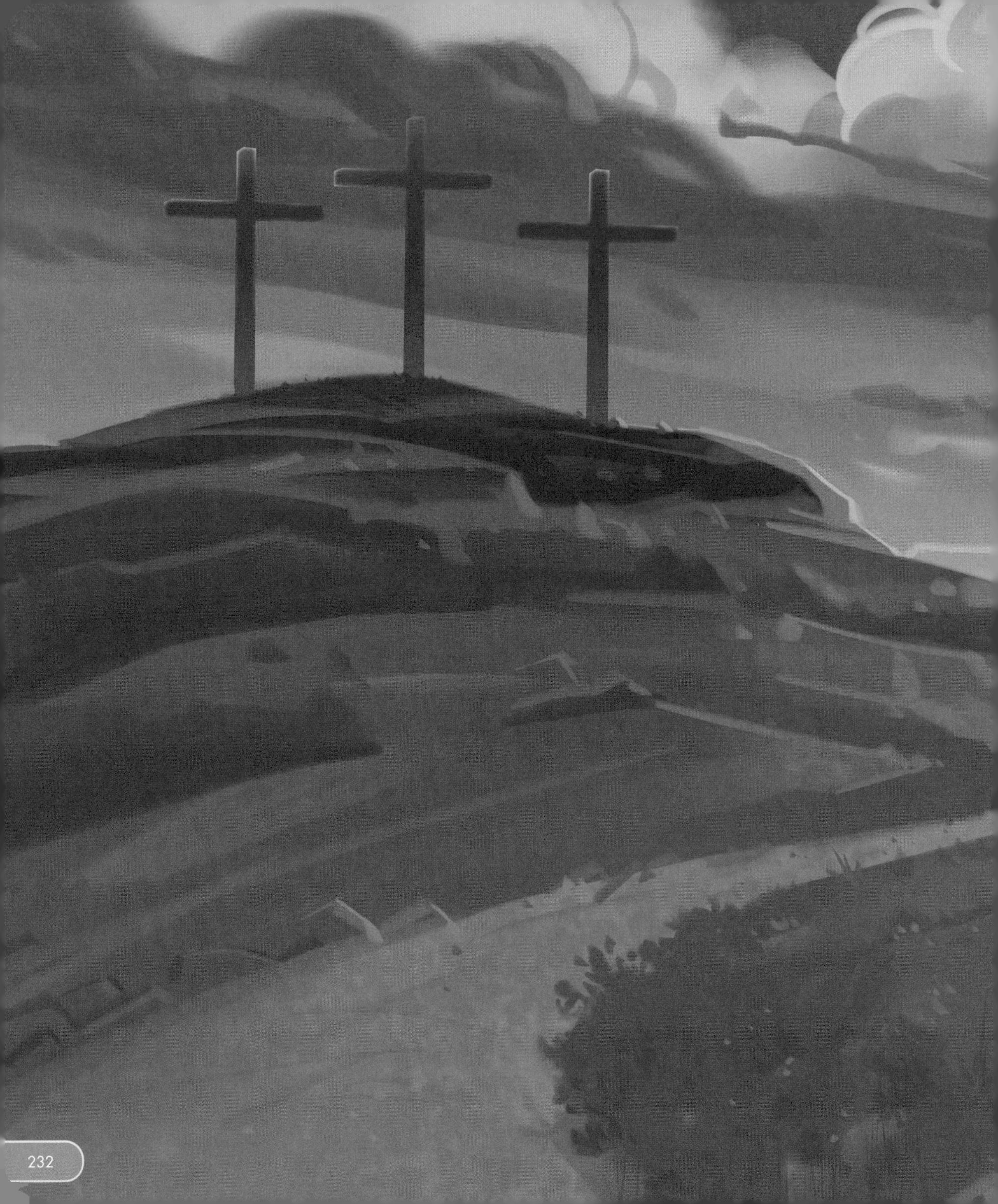

Ramos e Sofrimento LUCAS 19:28-40; 23:13-56

No início da semana, Jesus havia entrado em Jerusalém montado em um jumentinho. Multidões vieram celebrar e saudá-lo com ramos de palmeiras. Eles colocaram suas capas no caminho para demonstrar respeito por Jesus. O povo gritava: "Hosana! Hosana!". Eles estavam muito alegres.

Mas, no final da mesma semana, as pessoas estavam assustadas e com raiva. O povo prendeu Jesus. Eles machucaram Jesus e zombaram dele.

Eles pregaram Jesus em uma cruz para morrer. Jesus clamou a Deus, pedindo a Ele que perdoasse todas as pessoas, mesmo aquelas que o estavam machucando. Ele ainda amava tanto a todos.

O céu escureceu e Jesus morreu. As mulheres e um homem que seguiam Jesus pegaram Seu corpo e o colocaram dentro de um sepulcro.

Querido Deus, fico triste pela morte de Jesus por causa do meu pecado. Peço perdão por isso. Amém.

Domingo de Páscoa LUCAS 24:1-12

Maria Madalena, Joana, Maria, mãe de Tiago, e as outras mulheres ficaram muito tristes. Jesus havia sido morto em uma cruz.

Elas queriam preparar o corpo dele, logo cedo no domingo de manhã, e foram ao túmulo de Jesus. Mas, quando as mulheres chegaram lá, encontraram o sepulcro aberto. E quando entraram nele, não encontraram o corpo de Jesus.

De repente, dois anjos apareceram. As mulheres ficaram com medo. Os anjos lhes disseram: "Por que vocês estão procurando Jesus aqui? Ele não está mais aqui. Ele ressuscitou!". As mulheres correram para os discípulos e contaram o que havia acontecido no túmulo de Jesus.

Mas os discípulos não acreditaram nas mulheres. Pedro correu ao túmulo, e quando olhou para dentro, tudo o que viu foi o pano de linho que enrolava o corpo de Jesus. Ele voltou para casa, imaginando o que tinha acontecido.

Querido Deus, estou tão feliz porque Jesus está vivo! Amém.

235

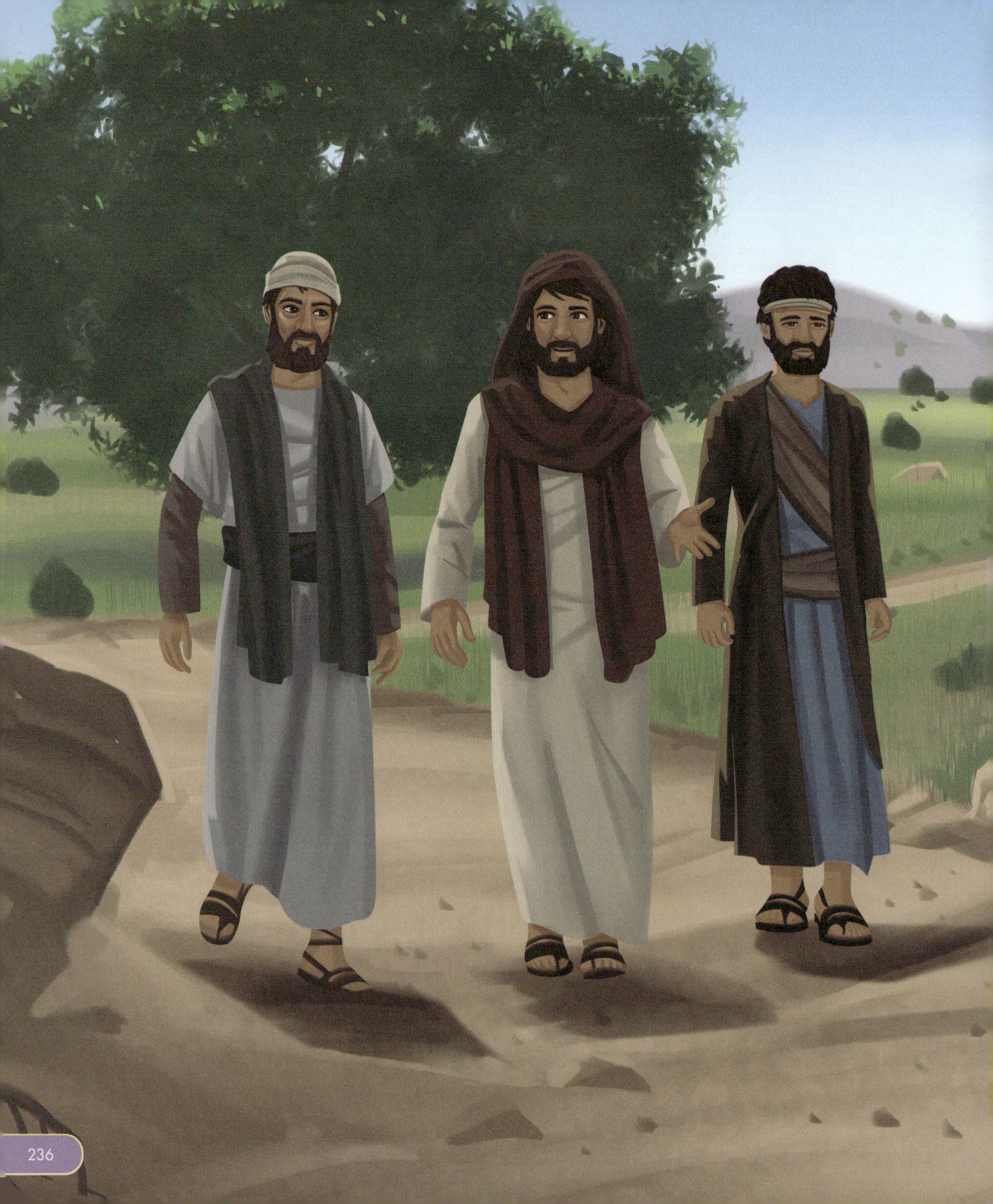

No caminho de Emaús LUCAS 24:13-35

No domingo, Cleopas e seu amigo estavam caminhando de Jerusalém para Emaús. Enquanto caminhavam, um homem começou a andar com eles. "Do que vocês estão falando?", perguntou o homem.

Cleopas disse tristemente: "Estávamos conversando sobre Jesus. Ele era um homem de Deus. E foi morto na sexta-feira. Hoje de manhã, as mulheres foram ao túmulo de Jesus, mas o corpo dele não estava lá. Anjos disseram a elas que Jesus está vivo!".

O homem perguntou: "Por que vocês não acreditam no que os profetas disseram?". Ele então começou a explicar todas as coisas que foram escritas pelos profetas. Quando chegaram a Emaús, os dois convidaram o homem para ficar e comer com eles.

Quando o jantar estava pronto, todos se sentaram para comer. O homem pegou o pão, partiu e o abençoou e deu a eles um pedaço. Quando ele fez isso, Cleopas e seu amigo o reconheceram. Era Jesus!

Assim que eles reconheceram Jesus, Ele desapareceu. Os amigos se levantaram rapidamente e retornaram a Jerusalém para encontrar os outros discípulos. Eles disseram aos discípulos: "O Senhor realmente ressuscitou!".

Querido Deus, ajude-me a reconhecer quando o Senhor está perto. Amém.

Nascido de novo JOÃO 3:1-21

Certa noite, Nicodemos veio falar com Jesus: "Jesus, sabemos que o senhor é um mestre que Deus enviou. Como posso ver o reino de Deus?". Jesus respondeu: "Ninguém pode ver o Reino de Deus se não nascer de novo".

"Como é possível um adulto nascer pela segunda vez?", perguntou Nicodemos.

"Todo mundo nasce primeiro como um bebê", disse Jesus. "Estou falando sobre nosso espírito, a parte de nós que sente o amor de Deus."

"Como isso é possível?", perguntou Nicodemos.

"Deus amou tanto o mundo, que deu ao mundo um presente especial: o Seu único Filho", disse Jesus. "Todos aqueles que creem no Filho de Deus viverão com Deus para sempre."

Querido Deus, obrigado por me dar uma nova vida em Jesus. Amém.

239

240

A mulher no poço JOÃO 4:1-42

Um dia Jesus e Seus amigos foram para Samaria. Jesus estava com calor e cansado. Ele se sentou junto a um poço. Os amigos de Jesus foram comprar comida porque estavam com fome. Uma mulher veio ao poço onde Jesus estava sentado, e Jesus começou a conversar com ela. Jesus disse: "Eu sei tudo sobre você e sei que você precisa seguir a Deus".

A mulher ficou muito surpresa. Ela disse a Jesus: "Como você sabe tudo sobre mim?".

Ele disse: "Eu sei tudo sobre você porque sou o Filho de Deus e sei que Deus a ama muito, mesmo que você tenha cometido alguns erros".

A mulher foi correndo para cidade e contou a outras pessoas sobre Jesus.

Querido Deus, obrigado por me conhecer tão bem. Amém.

O lanche de um menino JOÃO 6:1-15

Uma enorme multidão seguia Jesus e Seus discípulos. Jesus olhou para a multidão e disse a Filipe: "Deve haver mais de cinco mil pessoas aqui, e elas ainda não comeram nada. Onde podemos comprar comida para essas pessoas?". Filipe sabia que não podiam comprar comida para tantas pessoas. Outro discípulo, André, notou um menino na multidão que tinha cinco pães e dois peixes. André levou esse menino a Jesus. "Não é muito, mas esse garoto tem comida", disse André a Jesus. O garoto compartilhou sua comida. Jesus instruiu a multidão a se sentar e então Jesus pegou os pães e os peixes e disse: "Querido Deus, obrigado por nossas bênçãos". Jesus partiu os pães e os peixes e começou a distribuí-los ao povo. Todos na multidão comeram até que cada pessoa estivesse satisfeita. Jesus realizou um milagre! "Recolham o que sobrou", Jesus instruiu Seus amigos. E viram que sobraram 12 cestos de comida!

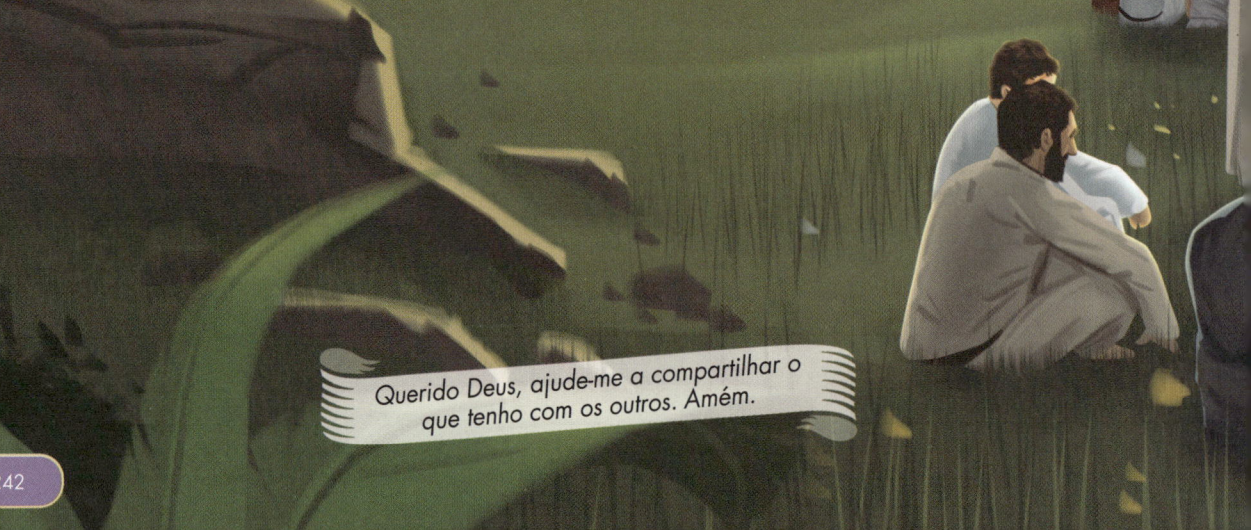

Querido Deus, ajude-me a compartilhar o que tenho com os outros. Amém.

243

244

Jesus anda em cima da água JOÃO 6:16-25

Certa noite, os discípulos estavam navegando em um barco no lago. Estava escuro e tarde, e Jesus ainda não estava no barco com eles. Então, um vento forte soprou e a água ficou agitada. O vento sacolejava o barco na água. Os discípulos estavam assustados. De repente, eles viram uma pessoa andando sobre a água na direção deles e ficaram com muito medo. "Não tenham medo, sou eu!", disse Jesus.

No dia seguinte, o povo para quem Jesus tinha pregado percebeu que Jesus havia partido. Eles sabiam que Jesus não estava no barco com os discípulos, então foram procurá-lo. Quando encontraram Jesus do outro lado do lago, perguntaram-lhe: "Jesus, como o Senhor chegou aqui?".

Querido Deus, ajude-me a enfrentar meus medos. Amém.

Maria unge os pés de Jesus JOÃO 12:1-8

Lázaro, Marta e Maria convidaram Jesus e Seus amigos para jantar. Enquanto todo mundo estava comendo, Maria trouxe um frasco cheio de algo muito especial: um perfume feito de nardo. Ele era muito caro e de aroma doce. Maria se ajoelhou no chão ao lado de Jesus e derramou todo perfume do frasco nos pés de Jesus. Maria ungiu os pés de Jesus com esse perfume. Depois, lenta e carinhosamente, ela enxugou o perfume dos pés de Jesus com os próprios cabelos.

"Jesus, o Senhor não vê que isso é um desperdício?", perguntou Judas. "Esse perfume custa o equivalente a um ano inteiro de salário! Esse perfume não deveria ter sido vendido e o dinheiro dado aos pobres?"

Jesus respondeu: "Sim, o dinheiro poderia ter sido usado para os pobres, mas sempre haverá pessoas que precisarão da ajuda de vocês. Quanto a mim, não estarei com vocês por muito tempo".

Querido Deus, ajude-me a demonstrar ternura e carinho. Amém.

247

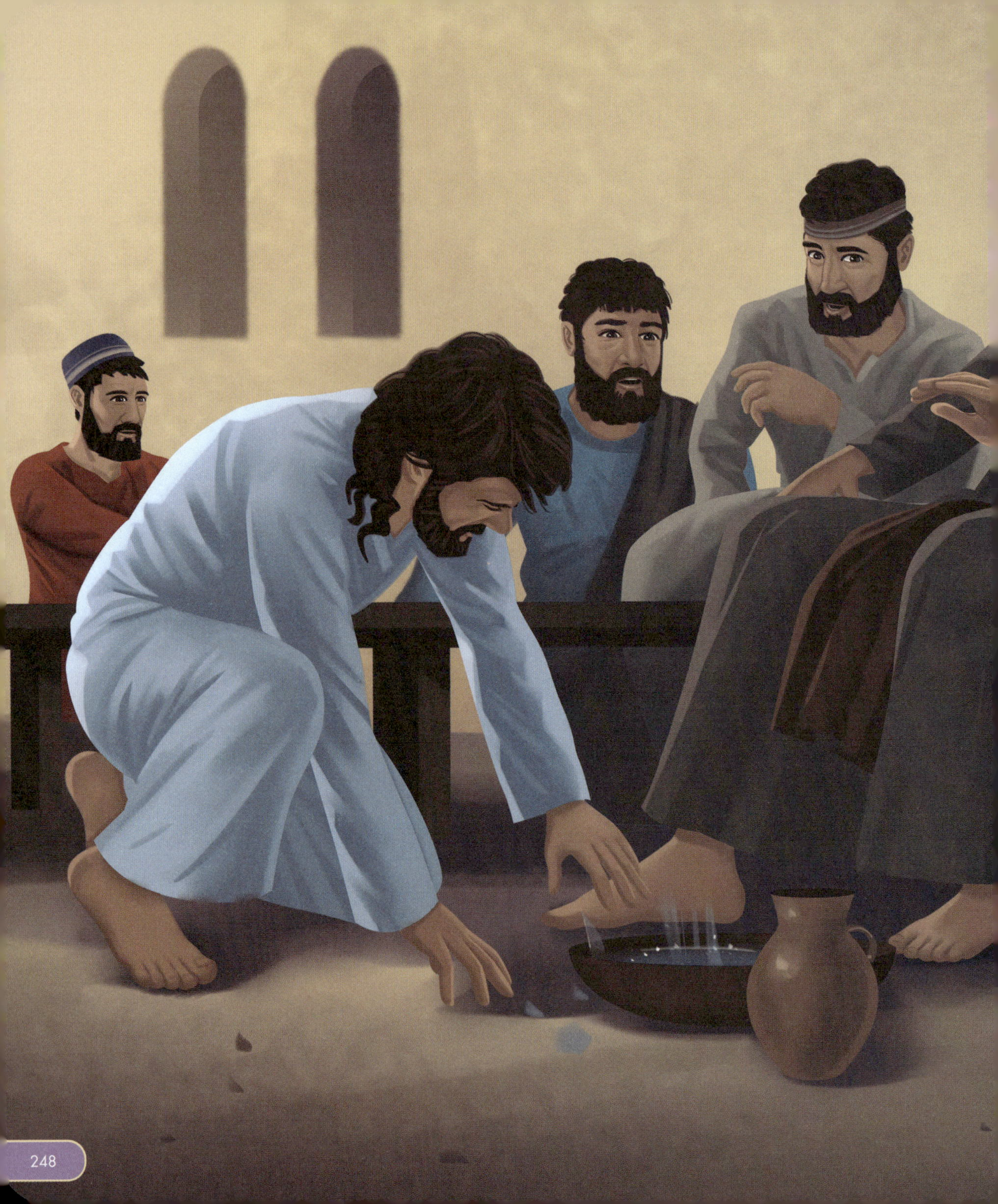

Jesus lava os pés dos discípulos
JOÃO 13:1-17

Os discípulos observaram Jesus se levantar da mesa e amarrar uma toalha na cintura. Então, Jesus derramou água em uma bacia. Eles se admiraram quando Jesus começou a lavar os pés de cada um deles.

"Jesus, o que o Senhor está fazendo?", perguntou Pedro. "Eu não quero que o Senhor lave meus pés, pois isso é tarefa de um servo. Não é o Seu trabalho. O Senhor é o nosso Mestre."

Jesus, então, respondeu: "Pedro, é importante que eu lave os seus pés". Então, Pedro permitiu que Jesus lavasse os seus pés sujos.

Quando Jesus terminou de lavar os pés de todos, Ele tirou a toalha e guardou a bacia de água, e então perguntou: "Vocês entenderam por que eu fiz o trabalho de um servo e lavei os seus pés?".

"Não!", disseram Pedro e os demais discípulos, balançando a cabeça.

"Eu queria demonstrar o amor de Deus", disse Jesus. "Por isso, mesmo sendo seu Mestre, fiz o trabalho de servo lavando seus pés. Logo, eu quero que vocês sirvam aos outros da mesma forma."

Querido Deus, ajude-me a servir aos outros como Jesus fez. Amém.

A tumba vazia JOÃO 20:1-18

Maria Madalena foi até à tumba em que Jesus havia sido sepultado. Ela estava muito triste porque Jesus havia sido ferido e morto na cruz. Quando ela chegou ao túmulo, viu que a enorme pedra tinha sido removida. Preocupada que algo tivesse acontecido com o corpo de Jesus, Maria Madalena correu até Pedro e João e chorando disse a eles: "A pedra da tumba foi removida! Alguém levou o corpo de Jesus!".

Pedro, João e Maria Madalena correram para o túmulo. João chegou primeiro, olhou para dentro do túmulo e encontrou os lençóis em que o corpo de Jesus havia sido enrolado. Pedro entrou no túmulo também. Ele e João não entendiam o que estava acontecendo, então eles foram embora.

Maria Madalena ficou para trás. Ela ficou do lado de fora da tumba de Jesus, chorando. Um homem se aproximou e perguntou: "Por que você está chorando?". Pensando que esse homem fosse o jardineiro, Maria Madalena respondeu: "Diga-me onde você colocou o corpo de Jesus".

Mas aquele homem não era jardineiro. "Maria", disse Jesus.

Maria Madalena exclamou: "Mestre! Jesus!".

Então, Jesus a instruiu: "Maria, diga aos discípulos que estou vivo".

Maria Madalena correu pelo jardim até os discípulos e disse a eles: "Eu vi Jesus!".

Querido Deus, obrigado pelo milagre da ressureição de Jesus! Amém.

251

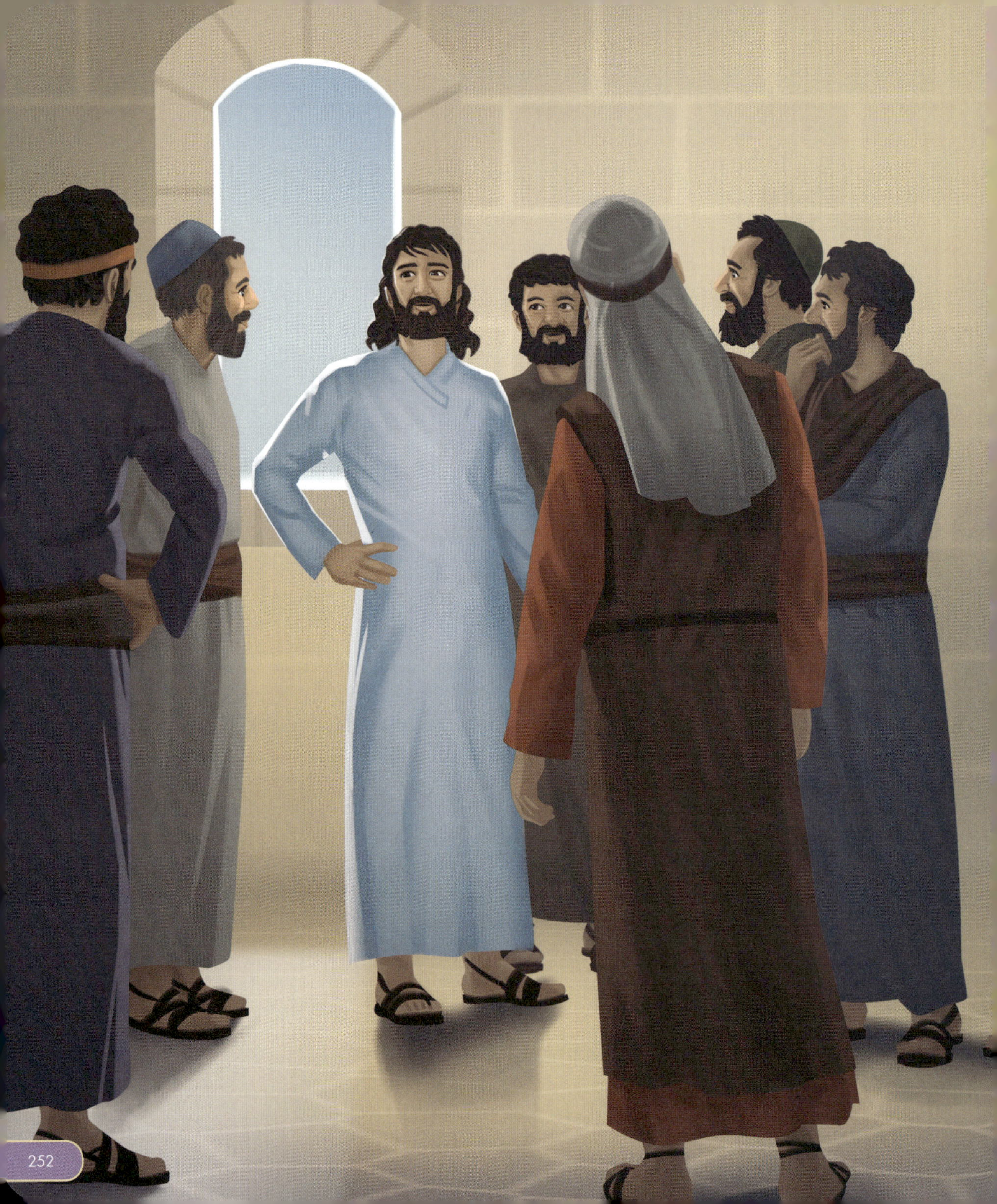

Jesus aparece aos discípulos
JOÃO 20:19-23

Os discípulos estavam se escondendo. Eles tinham medo de terem problemas, como Jesus teve. Eles se amontoaram numa sala e se certificaram de que a porta estava trancada.

Jesus apareceu no meio deles e disse: "Que a paz esteja com vocês!". Os discípulos ficaram muito alegres em ver Jesus.

Jesus disse novamente: "Que a paz esteja com vocês! Deus me enviou e eu estou enviando vocês". Jesus soprou sobre os discípulos e disse: "Recebam o Espírito Santo. Se vocês perdoarem alguém pela dor que essa pessoa causou, ela será perdoada. Se vocês não perdoarem, ela não será perdoada".

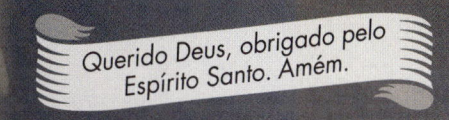

Querido Deus, obrigado pelo Espírito Santo. Amém.

Que a paz esteja com vocês JOÃO 20:24-31

Tomé não estava com os discípulos quando Jesus apareceu. "Nós vimos Jesus!", disseram os outros discípulos. Tomé não acreditou no que eles lhe contaram.

"Eu duvido. Jesus morreu. Eu só acreditaria que vocês viram Jesus se eu o visse com meus próprios olhos", respondeu Tomé.

Oito dias depois, os discípulos estavam reunidos novamente em um lugar secreto e, dessa vez, Tomé estava junto. Eles trancaram todas as portas e, sentados na sala, tentavam decidir o que fazer em seguida. De repente, Jesus apareceu entre eles.

"Que a paz esteja com vocês!", disse Jesus. "Tomé, pare de duvidar e creia!".

"É você, Jesus!", exclamou Tomé.

Então, Jesus disse a Tomé: "Você acredita porque me vê? Tenha fé! Creia!".

Querido Deus, ajude-me a ter fé no Senhor mesmo quando sou tentado a duvidar. Amém.

255

Venha para o café da manhã! JOÃO 21:1-14

Pedro disse aos amigos: "Vou pescar. Querem ir comigo?". Todos pegaram as redes e foram pescar. Os discípulos ficaram a noite toda, mas não pegaram peixe algum.

De manhã, um homem apareceu na praia, ele chamou os discípulos: "Se vocês lançarem sua rede para o outro lado do barco, pegarão alguns peixes!". Os discípulos não tinham certeza, mas jogaram a rede para o outro lado do barco. Eles pegaram muitos peixes, tantos que os discípulos mal conseguiam puxar a rede de volta!

"Olhem, o homem na praia é Jesus!", disse João. Pedro pulou do barco e foi até Jesus. Os outros discípulos o seguiram.

"Traga alguns dos peixes que vocês acabaram de pegar e todos nós poderemos comer peixe e pão no café da manhã", disse Jesus. Então, Ele pegou o peixe, orou a Deus e compartilhou com os discípulos. Jesus pegou o pão, agradeceu a Deus e compartilhou o pão com os discípulos.

Querido Deus, obrigado por estar presente em todos momentos, tornando cada dia um milagre. Amém.

Alimente minhas ovelhas JOÃO 21:15-19

Quando Jesus e os discípulos terminaram de tomar o café da manhã na praia, Jesus fez uma pergunta a Pedro: "Pedro, você me ama?".

Pedro respondeu: "Sim, Jesus, o Senhor sabe que eu o amo".

Jesus disse a Pedro: "Alimente minhas ovelhas. Compartilhe o amor de Deus com todas as pessoas". Jesus perguntou a Pedro novamente: "Pedro, você me ama?".

Pedro respondeu: "Sim, Jesus, o Senhor sabe que eu o amo".

Jesus disse a Pedro: "Cuide das minhas ovelhas". Jesus perguntou a Pedro mais uma vez: "Pedro, você me ama?".

Pedro ficou muito triste por Jesus ter perguntado pela terceira vez se ele amava Jesus. Pedro respondeu: "Sim, Jesus, o Senhor sabe de tudo. O Senhor sabe que eu o amo e que é o meu melhor amigo".

Jesus disse a Pedro: "Alimente minhas ovelhas. Siga o meu exemplo".

Querido Deus, ajude-me a cuidar de todos que o Senhor ama, como fizeram Jesus e Pedro. Amém.

A ascensão Atos 1:1-11

Jesus ensinou a todos sobre o amor de Deus. Ele morreu, mas reviveu no terceiro dia, na Páscoa. Em seguida, Jesus instruiu os discípulos por 40 dias. Ele ensinou a eles tudo o que queria que se lembrassem sobre Deus. Então, os discípulos estariam prontos para ir e ensinar às outras pessoas sobre o amor de Deus.

Certo dia, enquanto Jesus ensinava aos discípulos, Ele disse: "Não saiam de Jerusalém ainda. Aguardem o dom que Deus prometeu — o dom do Espírito Santo. Algum dia o reino de Deus será renovado. O Espírito Santo ajudará vocês a demonstrar a todas as pessoas que Deus é amor".

Enquanto Jesus falava, Ele foi elevado ao Céu, e os discípulos ficaram olhando até Ele não ser mais visto. Dois homens vestidos de branco apareceram e perguntaram aos discípulos: "Por que vocês ainda estão olhando? Jesus foi levado para o Céu, e Ele retornará da mesma maneira algum dia".

Querido Deus, ajude-me a demonstrar o Seu amor a todas as pessoas. Amém.

No dia de Pentecostes ATOS 2:1-41

Os discípulos estavam esperando em uma casa. De repente, um som como do vento encheu a casa inteira. Os discípulos olharam em volta e viram pequenas chamas de fogo sobre cada um deles. Era o Espírito Santo — o Espírito de Deus que estaria sempre com eles. E então, os discípulos começaram a falar outras línguas.

As pessoas do lado de fora da casa ouviram o barulho. "O que está acontecendo?", o povo se questionou. Pedro então disse ao povo: "Deus enviou o Espírito Santo sobre nós. Foi isso o que vocês viram e ouviram".

O povo ouviu Pedro. Ele lhes falou sobre Jesus. Pedro ajudou o povo a crer em Jesus e disse-lhes para serem batizados. "O Espírito Santo será concedido a vocês!", disse Pedro ao povo. As pessoas creram em Jesus e foram batizadas.

Querido Deus, obrigado pelo Espírito Santo e por sempre estar comigo. Amém.

263

Pedro e João curam ATOS 3:1–4:22

Pedro e João foram ao Templo para orar. Ao entrarem no Templo, viram um homem que não podia andar. Ele estava deitado ao lado portão. Todos os dias, esse homem ficava ali e pedia dinheiro às pessoas.

Quando Pedro e João passaram por ele, o homem pediu dinheiro a eles. Pedro respondeu: "Não tenho dinheiro para lhe dar, mas tenho um presente melhor. Eu posso lhe dar Jesus. Em nome de Jesus Cristo, levante-se e ande!". Pedro pegou a mão direita do homem e o ajudou a se levantar.

Os pés e tornozelos do homem ficaram fortes, e ele pulou e começou a andar. O homem entrou no Templo com Pedro e João. Todos os que viram o homem ficaram surpresos!

Querido Deus, ajude-me a mostrar às pessoas o Seu incrível amor, como Pedro e João fizeram. Amém.

266

Os cristãos compartilham ATOS 4:32-37

Havia muitas pessoas que tinham fé em Jesus. Elas se tornaram uma comunidade e compartilhavam tudo o que tinham umas com as outras. Ninguém dizia: "Isto é meu!".

A comunidade cristã cuidava uns dos outros. As pessoas dividiam seu dinheiro com a comunidade. O dinheiro era usado para cuidar de todos, para que ninguém estivesse em necessidade.

Os cristãos continuaram a ensinar sobre Jesus e compartilharam o amor de Deus com os outros.

Querido Deus, ajude-me a compartilhar o que tenho com todos da minha comunidade. Amém.

268

Os sete ajudadores ATOS 6:1-7

A comunidade cristã estava crescendo tão rápido que os discípulos não conseguiam atender a todos.

Os discípulos fizeram uma reunião. "É nosso trabalho contar às pessoas sobre Jesus", disseram. "Não podemos cuidar das viúvas e dos pobres e ainda ter tempo para ensinar sobre Jesus. Nós precisamos de ajuda. Escolham sete cristãos que sejam sábios e bons. Essas sete pessoas cuidarão das viúvas e ajudarão os pobres".

Os outros cristãos ficaram felizes por terem encontrado alguns ajudadores. "Gostaríamos de escolher estas sete pessoas: Estêvão, Filipe, Próscoro, Nicanor, Timom, Pármenas e Nicolau", disseram. Então, os discípulos fizeram uma oração pelos sete escolhidos e os enviaram para servir aos outros.

Querido Deus, ajude-me a ensinar às outras pessoas sobre o Senhor através de minhas ações. Amém.

Filipe e o etíope ATOS 8:26-40

Filipe alimentou os famintos, ensinou outras pessoas sobre Jesus e ajudou quem estava doente. Um anjo falou com Filipe: "Pegue a estrada deserta e compartilhe o amor de Deus com as pessoas que você encontrar". Enquanto Filipe caminhava, uma carruagem passou. Na carruagem, havia um homem etíope lendo um pergaminho sobre o povo de Deus.

O homem etíope parecia muito confuso. Filipe perguntou ao homem: "Você entende o que está lendo?". O etíope olhou para Filipe e disse: "Preciso de ajuda". O homem etíope o convidou para sua carruagem. Filipe sabia do que se tratava o pergaminho: "Este pergaminho é sobre Jesus. Ele nos ensinou como amar a Deus e um ao outro." O homem etíope acreditou em tudo o que Filipe lhe ensinou.

Enquanto viajavam pela estrada, passaram por um lugar onde tinha água. "Quero ser batizado!", pediu o homem etíope. Eles desceram à água e Filipe batizou o etíope.

Querido Deus, obrigado pelos professores que me ajudam a aprender mais sobre o Senhor. Amém.

271

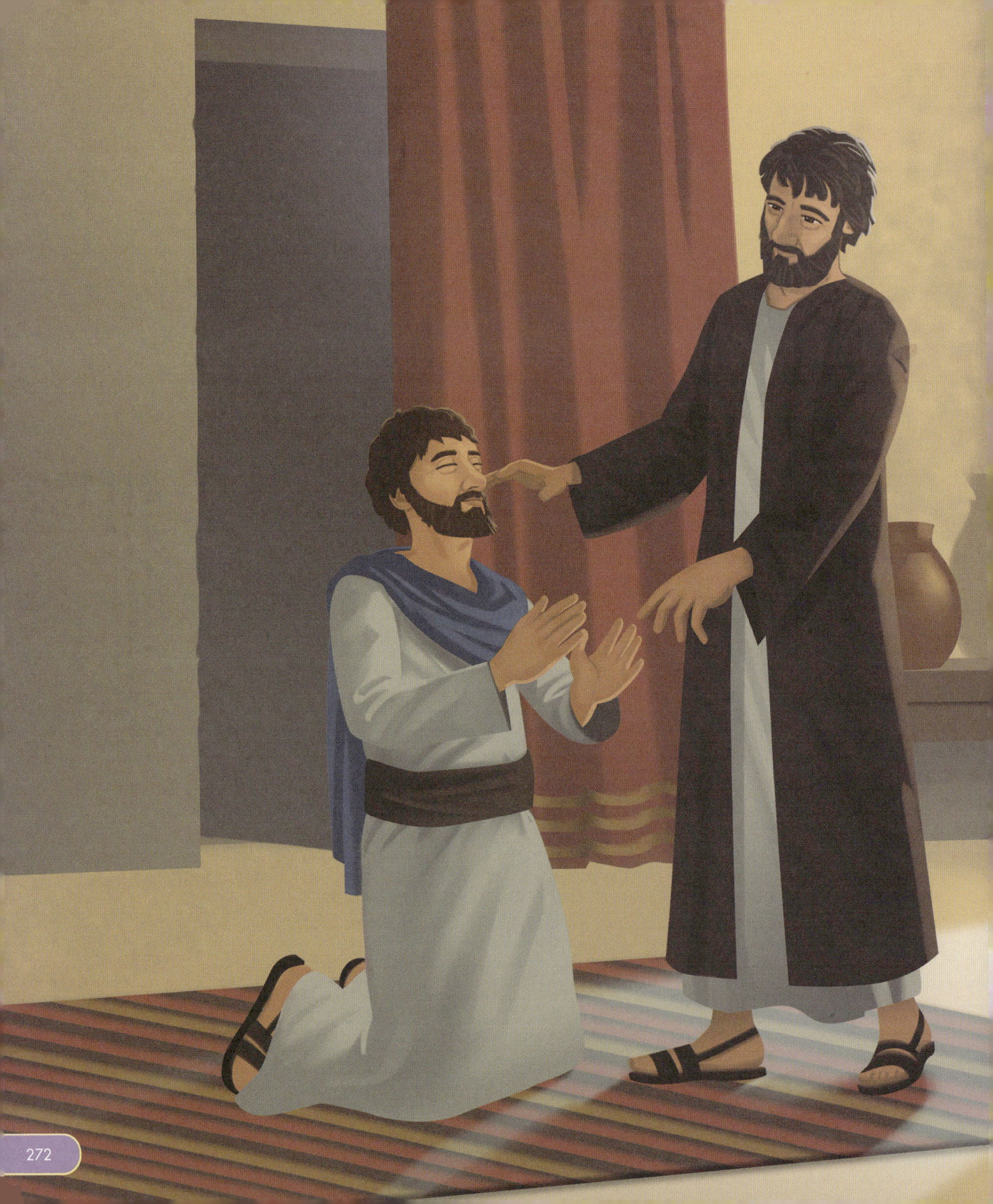

A conversão de Saulo ATOS 9:1-20

Saulo e seus amigos estavam a caminho de uma cidade chamada Damasco. De repente, uma luz forte do céu brilhou ao redor de Saulo! Ele caiu no chão e cobriu os olhos.

"Saulo, Saulo", disse uma voz do meio da luz. "Por que você está sendo mau com os meus seguidores?" A voz era de Jesus! Ele disse mais: "Levante-se, Saulo, e entre na cidade. Alguém virá e ajudará você". Quando Saulo se levantou, ele não podia ver! Os amigos de Saulo tiveram que guiá-lo pela cidade.

Um homem chamado Ananias morava na cidade. Ele era um seguidor de Jesus. Certo dia, Ananias ouviu a voz de Jesus que dizia: "Encontre o homem chamado Saulo. Eu escolhi Saulo para contar aos outros sobre mim. Você deve ir até ele". Ananias foi encontrá-lo. Saulo estava sentado dentro de uma casa. Ele ainda não conseguia ver.

"Saulo", disse Ananias, "Jesus me enviou para ajudá-lo". Então Ananias pôs as mãos sobre Paulo. E, imediatamente, Saulo voltou a ver!

Saulo foi batizado e tornou-se seguidor de Jesus. Saulo começou a contar a todos o que ele descobriu sobre Jesus. Saulo havia mudado e passou a ser chamado de Paulo.

Querido Deus, todo mundo merece uma chance de mudar, assim como Paulo. Amém.

A Igreja cresce ATOS 9:26-31

Paulo chegou a Jerusalém, onde ele morava. Ele tentou se unir aos discípulos, amigos de Jesus, mas eles estavam com medo dele. Os discípulos não acreditavam que Paulo realmente tinha se tornado um seguidor de Cristo.

Barnabé sabia que Paulo amava Jesus, então o levou aos discípulos. Barnabé contou aos cristãos a história de Paulo e garantiu a eles que Paulo era confiável.

Depois disso, Paulo pôde trabalhar com os discípulos para contar sobre Jesus a outras pessoas. A Igreja cresceu por causa de Paulo, dos discípulos e dos outros cristãos, que contavam a todos sobre a vida e o amor de Jesus!

Querido Deus, ajude-me a contar aos outros sobre Sua vida. Amém.

275

276

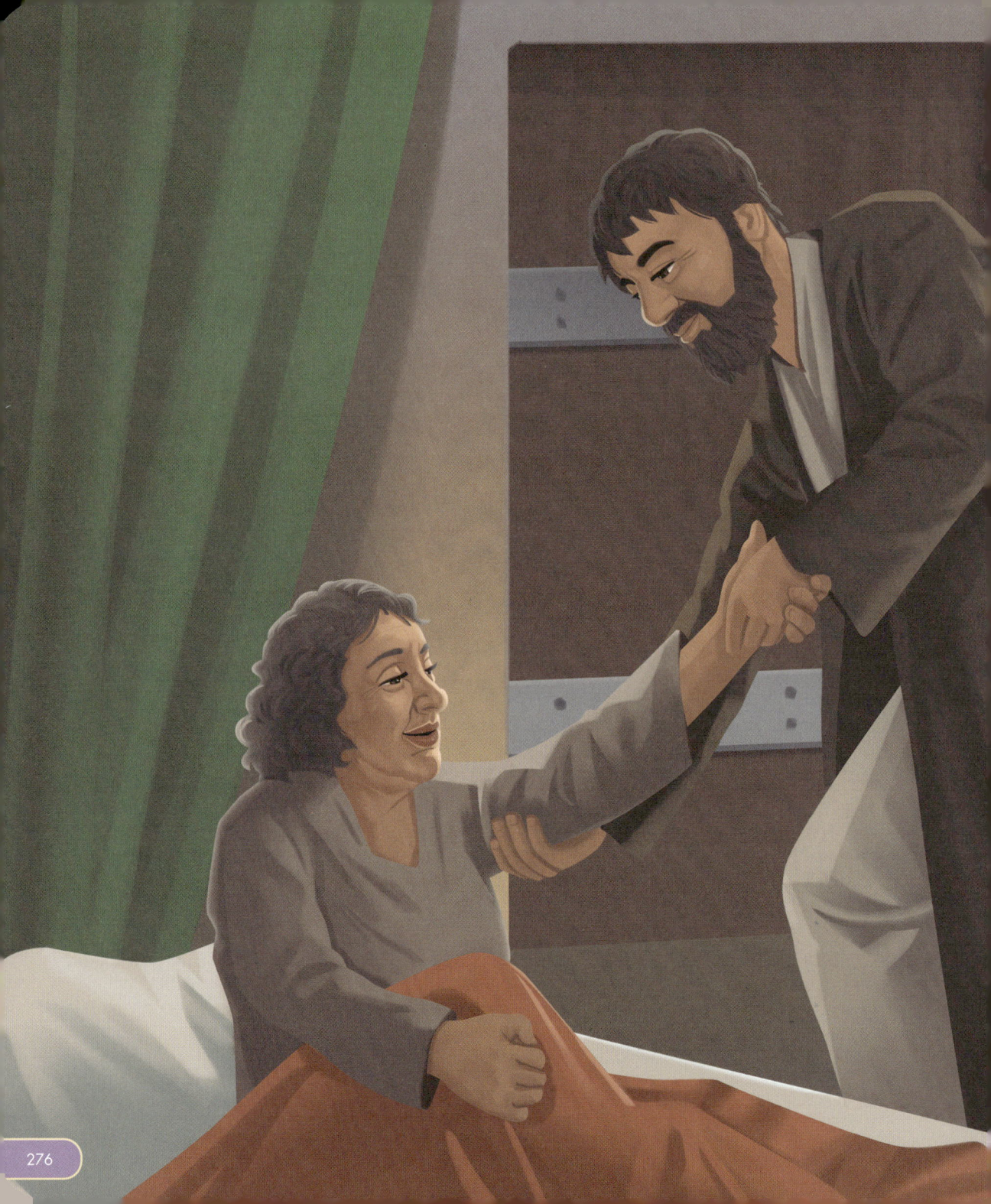

Pedro e Tabita ATOS 9:36-43

Havia uma discípula chamada Tabita. Ela amava e cuidava de todos os que estavam em necessidade. Ela fazia túnicas e roupas para doar às pessoas.

Tabita ficou muito doente e morreu. Suas amigas lavaram o corpo dela e o colocaram sobre a cama. Elas estavam muito tristes, mas ouviram que Pedro estava por perto, então enviaram duas pessoas para encontrá-lo. As duas pessoas encontraram Pedro e imploraram que ele fosse com elas à casa de Tabita. E Pedro foi.

Pedro entrou no quarto de Tabita. Todos os amigos dela estavam lá chorando. Ele pediu a todos que saíssem do quarto. Pedro ajoelhou, orou e então disse: "Tabita, levante-se!". Ela abriu os olhos e sentou-se. Pedro a ajudou a ficar de pé e em seguida chamou todos os amigos dela de volta ao quarto. Ela estava viva!

Querido Deus, ajude-me a viver fielmente, como Tabita. Amém.

Pedro e Cornélio ATOS 10:1-48

Um anjo visitou Cornélio. O anjo disse: "Cornélio, envie alguém para buscar um homem chamado Pedro para visitá-lo". Assim, Cornélio enviou dois servos e um soldado para encontrar Pedro.

No dia seguinte, Pedro estava dormindo e teve um sonho. Pedro viu um grande lençol descendo do Céu. No lençol havia animais que Pedro não deveria comer. Então, uma voz disse a Pedro: "Pedro, levante-se. Você pode se alimentar de todos esses animais".

Pedro respondeu: "Não, Senhor! É ilegal comer de todos esses animais. Eles são imundos! Eu não comerei desses animais!".

A voz disse a Pedro: "Não pense que o que Deus criou é impuro". Pedro não entendeu seu sonho. Logo, os mensageiros de Cornélio chegaram.

Os homens disseram: "Cornélio quer que você vá à casa dele e converse com as pessoas sobre Deus". Pedro e os mensageiros voltaram para a casa de Cornélio, que ficou tão feliz em ver Pedro que se ajoelhou aos seus pés. "Levante-se, Cornélio. Eu não sou melhor do que você. Eu sou um homem, assim como você é. Deus me disse em um sonho que toda pessoa e todo animal que Deus criou é bom. Todas as pessoas são criação de Deus", disse Pedro.

Querido Deus, obrigado por criar apenas boas coisas. Amém.

279

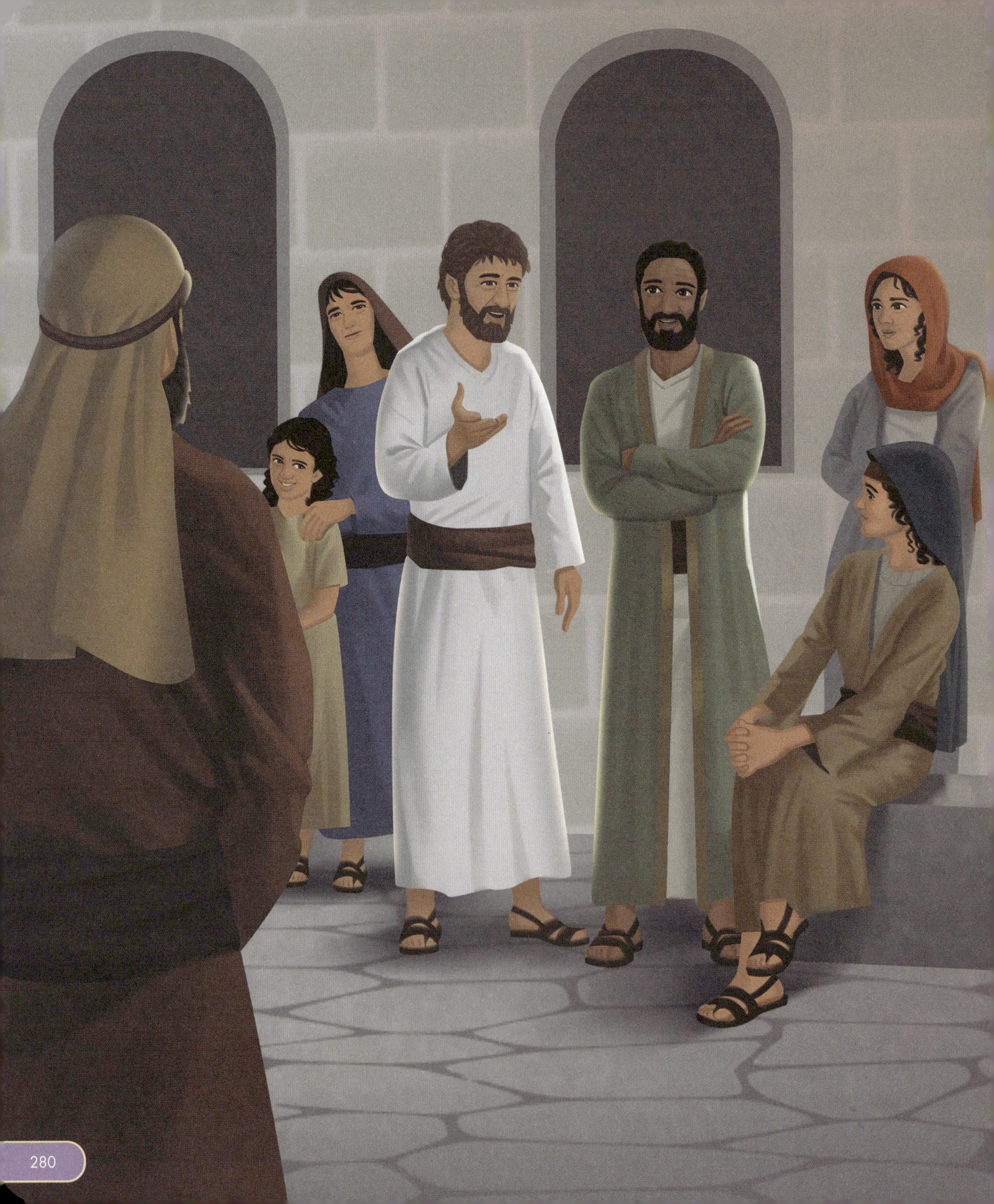

Chamados pela primeira vez de cristãos ATOS 11:19-30

As primeiras pessoas que creram em Jesus tiveram problemas. Muitos não gostavam delas. Porém, mesmo que houvesse dificuldades, as boas notícias sobre Jesus não podiam ser interrompidas! Logo, muitas pessoas em todos os lugares passaram a crer em Jesus!

Muitos crentes em Jesus moravam em Jerusalém. Eles enviaram um homem chamado Barnabé para uma cidade chamada Antioquia para pregar e ajudar os cristãos de lá. Quando Barnabé chegou em Antioquia, ele ficou muito feliz por ver que muitas pessoas acreditavam em Jesus!

Barnabé decidiu que precisava de ajuda em Antioquia, então ele foi buscar seu amigo Paulo. Paulo se juntou a Barnabé e a outros cristãos em Antioquia.

Foi na cidade de Antioquia que os primeiros crentes em Jesus foram chamados de cristãos.

Querido Deus, obrigado pelos cristãos que se ajudam! Amém.

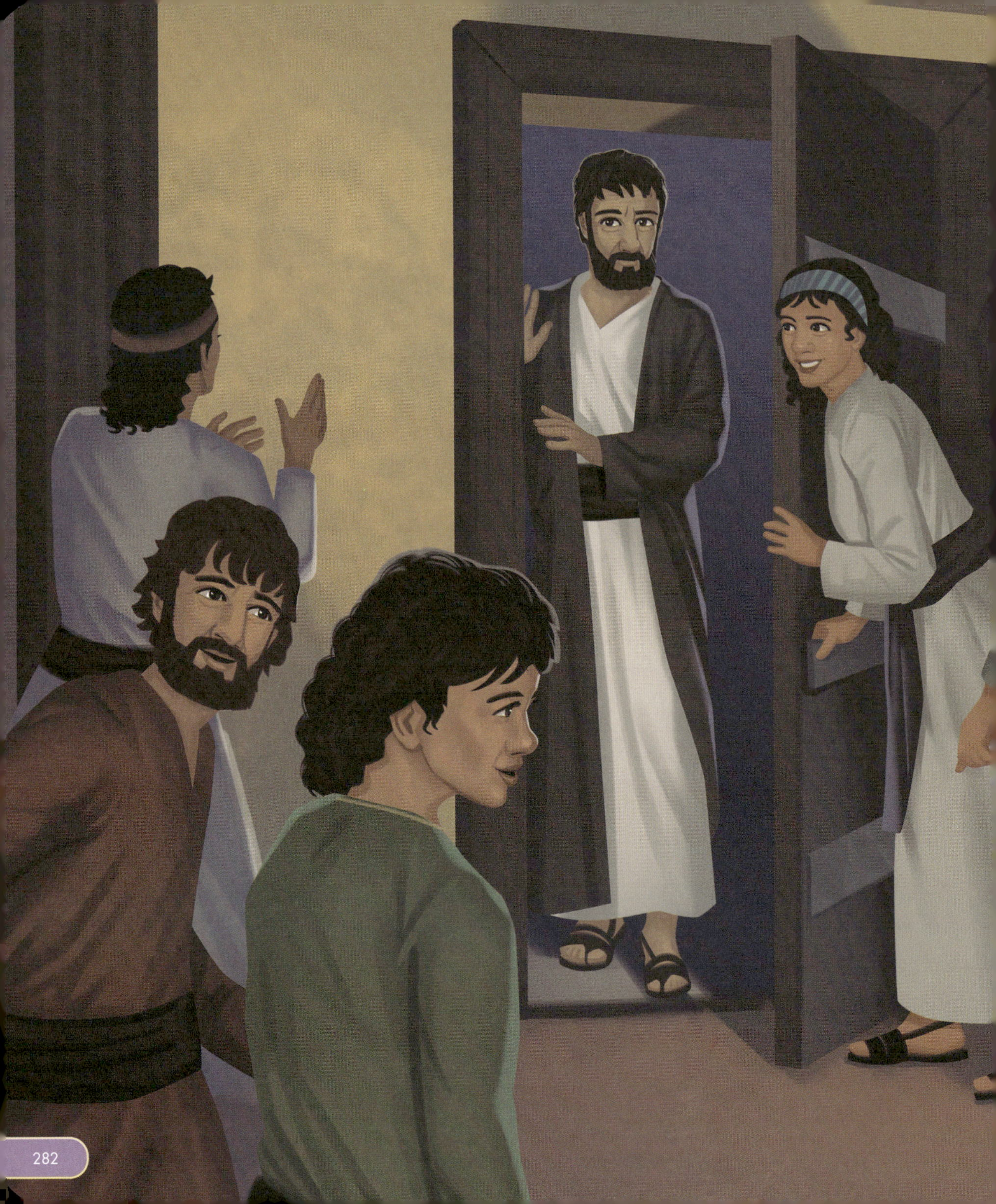

Pedro na prisão ATOS 12:1-17

O rei Herodes colocou Pedro na cadeia por contar às pessoas sobre Jesus. O rei Herodes ordenou que seus soldados vigiassem Pedro, para que ele não escapasse. Enquanto Pedro estava na prisão, os cristãos oravam por ele.

Certa noite, Pedro estava dormindo na cela quando um anjo apareceu. O anjo disse: "Rápido! Levante-se! Vista-se logo e calce as sandálias". Pedro fez o que o anjo lhe ordenou. Então o anjo disse: "Siga-me!". Pedro seguiu o anjo passando pelos soldados até o portão da cidade. Eles estavam andando por uma rua quando o anjo desapareceu!

Pedro foi à casa de sua amiga Maria. Ele bateu à porta. Uma criada chamada Rode foi até a porta e perguntou antes de abrir: "Quem é?". Pedro respondeu: "Sou eu, Pedro". Rode ficou tão empolgada que voltou correndo e disse a todos que Pedro estava a porta. As pessoas da casa não acreditaram em Rode. Eles disseram: "Você deve estar enganada. Acabamos de orar por Pedro". Ele continuou batendo e, finalmente, alguém abriu a porta para ele. Todo mundo ficou surpreso em vê-lo! Pedro pediu a todos para ficarem quietos e contou a seus amigos como o anjo de Deus o ajudou a escapar da prisão.

Querido Deus, obrigado por momentos emocionantes. Amém.

Timóteo é escolhido ATOS 16:1-5

Paulo amava Jesus e viajou para muitos lugares ensinando às pessoas sobre Cristo. Havia um grupo de cristãos na cidade de Listra que Paulo tinha ensinado. Ele conheceu um rapaz chamado Timóteo. Esse jovem viajou com Paulo e ensinou outras pessoas sobre o amor de Deus. Paulo enviou Timóteo para ensinar às pessoas em Éfeso sobre Cristo.

Querido Deus, eu posso ensinar aos outros sobre o Senhor, não importa a minha idade. Amém.

285

286

Lídia ATOS 16:11-15

Lídia vendia tecido roxo. Esse tecido era muito especial e custava muito dinheiro. Somente pessoas muito ricas podiam comprá-lo. Lídia acreditava em Deus. Às vezes, ela e suas amigas iam juntas à margem do rio. As mulheres sentavam-se junto ao rio e oravam a Deus.

Certo dia, Paulo foi até a margem do rio e viu Lídia e suas amigas orando. Paulo falou às mulheres sobre Jesus. Lídia acreditou no que Paulo disse, e ela se tornou seguidora de Jesus.

Lídia contou à família sobre Jesus. Todos em sua família se tornaram seguidores de Cristo. Ela convidou Paulo para ir à casa dela e o ajudou a falar de Jesus aos outros.

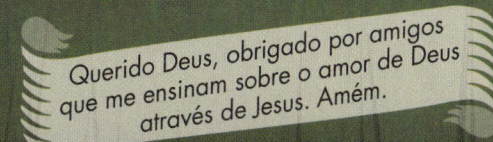

Querido Deus, obrigado por amigos que me ensinam sobre o amor de Deus através de Jesus. Amém.

Paulo e Silas ATOS 16:16-40

Paulo e Silas estavam contando a todos o que sabiam sobre Jesus. Algumas pessoas ouviam Paulo e Silas e gostaram do que eles disseram. Mas algumas pessoas não queriam que Paulo e Silas falassem aos outros sobre Jesus. Então, disseram: "Envie-os para a cadeia!".

Então, Paulo e Silas foram presos. Suas mãos e pés estavam acorrentados à parede. Mas Paulo e Silas não estavam tristes. Eles oraram e louvaram a Deus. De repente, a cadeia começou a tremer! Foi um terremoto! As correntes de Paulo e Silas se romperam. A porta da cadeia se abriu.

"Ah não!", exclamou o carcereiro quando viu a porta aberta. "Tenho certeza de que todos os meus prisioneiros fugiram. Vou ter problemas por deixá-los ir."

"Não se preocupe! Todo mundo ainda está aqui!", disse Paulo.

Então, Paulo e Silas falaram de Jesus ao carcereiro.

"Quero saber mais", disse ele. "Venham para casa comigo e contem a toda minha família sobre Jesus." Paulo e Silas foram com ele. O carcereiro e sua família se tornaram seguidores de Jesus.

Querido Deus, ajude-me a ser honesto e gentil, como Paulo e Silas. Amém.

289

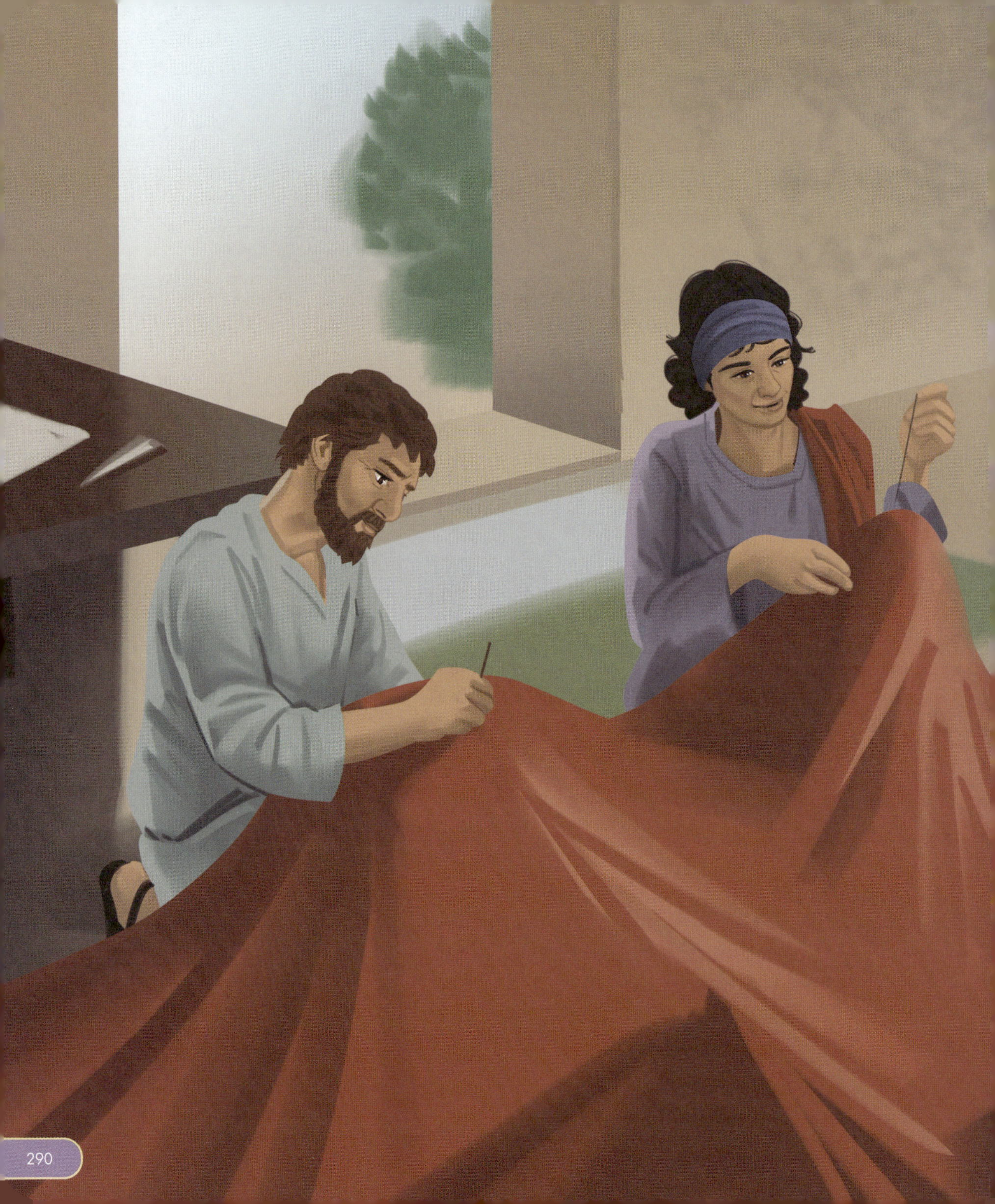

Priscila e Áquila ATOS 18:1-23

Paulo viajou para uma cidade chamada Corinto. Enquanto ele esteve lá, ensinou às pessoas sobre Jesus e trabalhou como fabricante de tendas. Ele fazia tendas de couro com um casal chamado Priscila e Áquila.

No sábado, o dia de descanso, eles iam juntos à sinagoga. Paulo pregava sobre Jesus e ajudava as pessoas a crerem em Cristo. Algumas pessoas não queriam que Paulo pregasse sobre Jesus na sinagoga, então Paulo começou uma igreja dentro de uma casa e ensinou às pessoas sobre Jesus lá. Muitas pessoas passaram a crer em Jesus e foram batizadas. Elas se tornaram a igreja de Corinto.

Depois de um tempo, Paulo, Priscila e Áquila deixaram a igreja em Corinto e foram a Éfeso para ensinar às pessoas de lá sobre Jesus.

Querido Deus, ajude-me a ensinar aos outros sobre Jesus. Amém.

Amor em Ação ROMANOS 12:9-18

Paulo escreveu uma carta para as pessoas que moravam em Roma e seguiam a Jesus. A carta dizia: "Mostrem amor um ao outro. Respeitem-se mutuamente. Mostrem sua empolgação enquanto servem a Deus. Sejam felizes, mantenham-se firmes e orem com frequência. Compartilhem o que vocês têm com os outros e sejam acolhedores com novas pessoas. Sejam bons com todas as pessoas, mesmo que elas não sejam legais com vocês. Alegrem-se com as pessoas que estão alegres e chorem com as pessoas que choram. Lembrem-se de que todos são iguais — ninguém é melhor que ninguém. Tente sempre viver em paz com todas as pessoas".

Querido Deus, ajude-me a demonstrar amor verdadeiro a todas as pessoas. Amém.

293

Um corpo 1 CORÍNTIOS 12:12-31

Os cristãos em Corinto tinham muitas perguntas para Paulo. Eles queriam saber como eles se encaixavam na igreja.

"Eu sou bom em tocar música. Meu talento pode ser útil para igreja?", perguntou alguém.

"Sou bom em orar pelos outros", disse outro.

"Sou bom em falar na frente de grandes multidões", disse outro cristão.

"Sou bom em ouvir", disse outro. Então, eles escreveram uma carta para Paulo em busca de ajuda.

Paulo escreveu em resposta: "Todos esses dons são muito importantes. Cada um de vocês recebeu um dom especial de Deus. Quando usamos nossos dons juntos, somos como um corpo. Todos nós precisamos uns dos outros, assim como todos precisamos de nossas partes do corpo. Não poderíamos fazer todas as coisas importantes que precisamos sem as partes do corpo, assim como não podemos fazer tudo o que Jesus quer que façamos se não trabalharmos juntos".

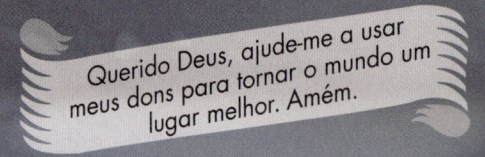

Querido Deus, ajude-me a usar meus dons para tornar o mundo um lugar melhor. Amém.

295

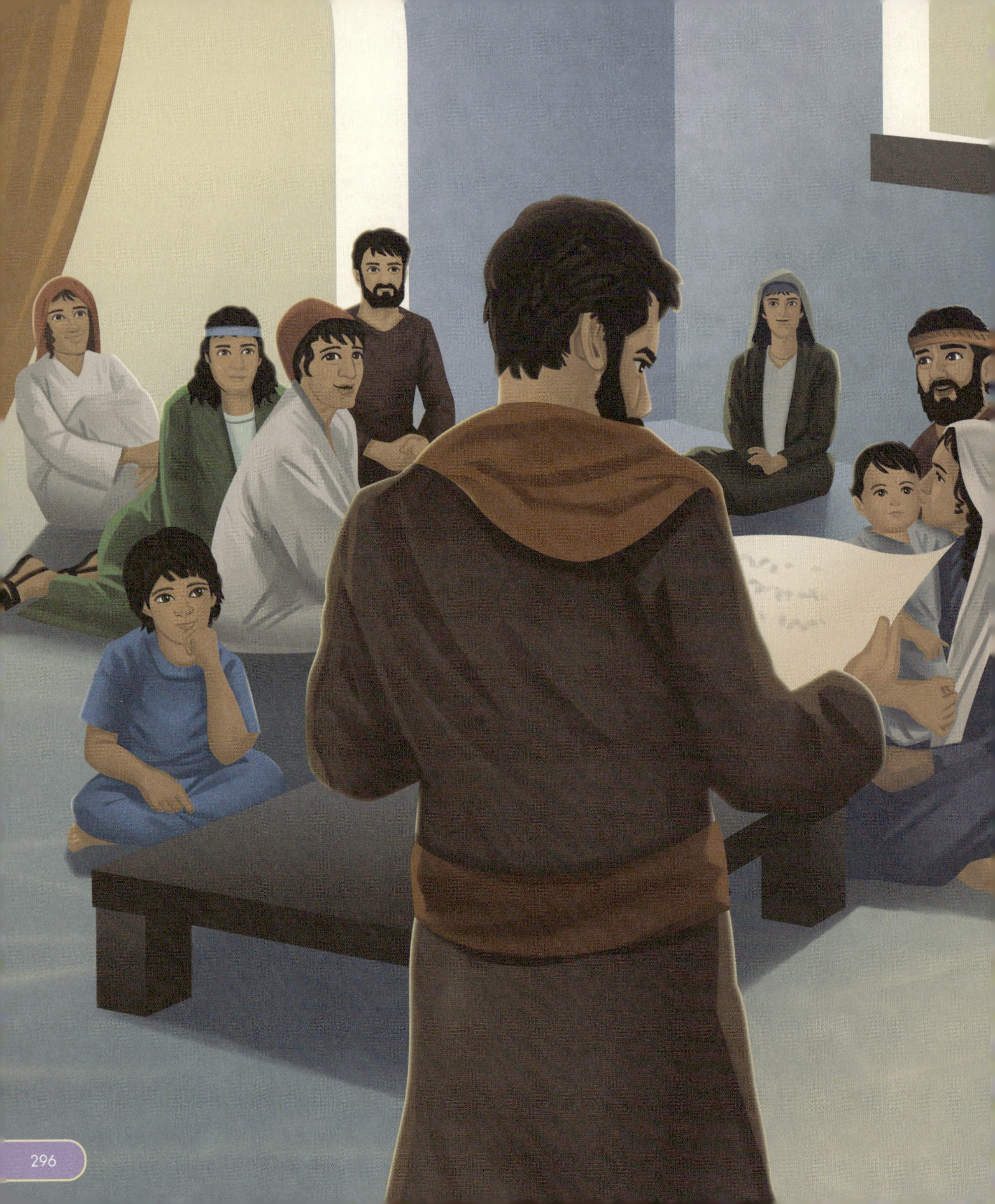

Amor 1 CORÍNTIOS 13: 1-13

Paulo continuou ensinando ao povo em Corinto por meio de sua carta.

Ele escreveu: "Se eu não tenho amor, sou como o som de um gongo ou como um barulhento sino.

Se eu sei tudo, mas não tenho amor, não sou nada.

Se eu der tudo o que tenho, mas não tiver amor, não faz diferença.

O amor é paciente. O amor é gentil. O amor não é ciumento. O amor não se vangloria. O amor não é rude. O amor não é mal-humorado. O amor se alegra com a verdade. O amor nunca falha.

Agora existem estas três coisas: a fé, a esperança e o amor, e a maior delas é o amor."

Querido Deus, obrigado por me amar. Ajude-me a amar os outros. Amém.

Fruto do Espírito GÁLATAS 5:22,23

Paulo escreveu cartas aos seguidores de Jesus. Ele escreveu uma carta para os cristãos na Galácia. Paulo disse aos gálatas: "Somos como uma árvore que dá frutos. Mas nosso fruto não é o tipo de fruta que comemos. Não são maçãs, bananas ou peras.

O fruto do Espírito é amor, alegria, paz, paciência, delicadeza, bondade, fidelidade, humildade e domínio próprio. Essas são maneiras pelas quais sentimos e agimos. Quando abraçamos alguém, estamos demonstrando amor. Quando esperamos a nossa vez, estamos demonstrando paciência. Quando usamos palavras bonitas, estamos sendo gentis. Quando oramos, estamos sendo fiéis.

O Espírito de Deus produz o amor, a alegria, a paz, a paciência, a delicadeza, a bondade, a fidelidade, a humildade e o domínio próprio em nós". Essas coisas não são frutas que comemos. São o fruto do Espírito!

Querido Deus, ajude-me para que o fruto do Espírito cresça em mim. Amém.

Armadura de Deus EFÉSIOS 6:10-20

Paulo escreveu uma carta enquanto estava preso. Ele a enviou para alguns dos seguidores de Jesus.

Ele disse: "Sejam fortes porque Deus está sempre com vocês." Como soldados usam armaduras e carregam escudos para se manterem seguros, podemos usar a armadura de Deus. Não é uma armadura física, mas pode nos ajudar a enfrentar coisas difíceis. Quando falamos com verdade, defendemos a justiça e compartilhamos as boas-novas, estamos usando a armadura de Deus. Quando temos fé, é como se estivéssemos carregando o escudo de Deus. Quando seguimos Jesus e o Espírito Santo, é como se estivéssemos usando um capacete.

Façam orações o tempo todo. Continuem vivendo como seguidores fiéis de Jesus. Orem um pelos outros e orem por mim."

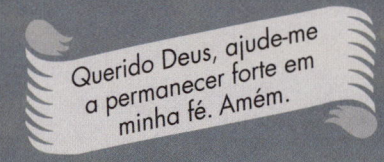

Querido Deus, ajude-me a permanecer forte em minha fé. Amém.

301

Seja alegre e persevere FILIPENSES 4:4-14

Paulo escreveu uma carta para as pessoas que adoravam a Deus juntas na cidade de Filipos. Ele disse: "Sejam sempre felizes! Sejam gentis com todas as pessoas. Não fiquem ansiosos; em vez disso, orem a Deus pelas coisas que estão incomodando vocês. Agradeçam a Deus. Quando vocês fizerem essas coisas, sentirão paz".

Paulo continuou escrevendo: "Faça o seu melhor para se concentrar em tudo o que é verdadeiro, santo, justo, puro e digno de louvor. Pratique o que aprendeu, recebeu, ouviu ou viu outras pessoas fiéis fazerem.

A paz de Deus estará com você. Mesmo quando a vida for difícil, Deus nos dará forças e nos ajudará a sermos gratos".

Querido Deus, obrigado por sempre ouvir minhas orações. Por favor, ajude-me a sentir Sua paz. Amém.

303

304

Seja um líder 1 TIMÓTEO 4:7-16

Timóteo e Paulo viajaram e trabalharam juntos para espalhar as boas notícias do amor de Jesus. Timóteo se tornou o líder da igreja em uma cidade chamada Éfeso.

Paulo escreveu uma carta a Timóteo para ajudá-lo a saber como ser um bom líder. Paulo disse: "Pratique viver da maneira que Deus deseja que todos vivamos — coloque sua esperança em Deus. Não deixe ninguém o desprezar por ser jovem. Mostre a todos como ser um bom seguidor de Jesus usando palavras gentis, mostrando amor e tendo fé. Concentre-se em ler a Palavra de Deus, pregar e ensinar. Não esqueça os dons do Espírito que você recebeu. Continue aprendendo e crescendo, e outros também aprenderão e crescerão".

Querido Deus, ajude-me a aprender e a crescer. Amém.

Anime-se 2 TIMÓTEO 1:3-7

Paulo escreveu outra carta para Timóteo. Ele sabia que Timóteo estava tendo um momento difícil e precisava de encorajamento.

Paulo disse: "Querido Timóteo, sou grato ao Deus a quem servimos. Eu oro por você todos os dias e noites. Quando eu lembro o quão triste você está, espero que você se alegre em breve. Você tem uma fé forte, Timóteo. Sua avó, Loide, e sua mãe, Eunice, amam a Deus e são fiéis. Eu sei que elas ensinaram você a ser fiel. Eu quero que você se lembre de que Deus lhe deu dons especiais. O Espírito que Deus nos deu não nos torna medrosos; pelo contrário, o Espírito nos enche de poder e de amor e nos torna prudentes".

Querido Deus, ajude-me a sentir o Seu amor quando eu precisar de ânimo. Amém.

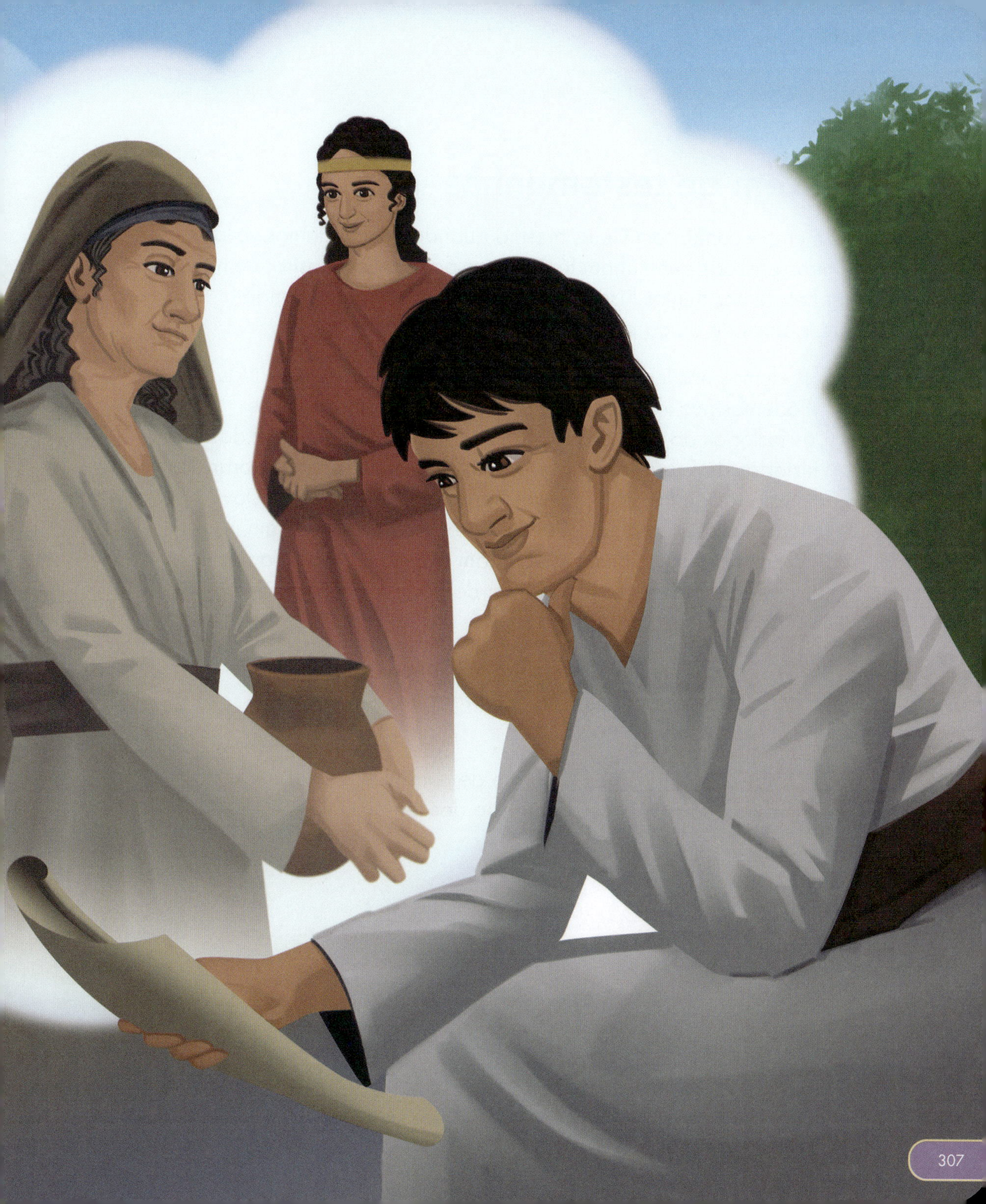

Nuvem de testemunhas HEBREUS 11:1-34

Fé é crer e confiar em Deus, mesmo quando não podemos vê-lo. Outras pessoas que tinham fé em Deus podem nos mostrar como ser fiel. Temos muitas histórias que podemos lembrar quando precisamos de ajuda para confiar em Deus.

Podemos nos lembrar das histórias de Abel, Enoque e Noé. Podemos nos lembrar das histórias de Abraão e Sara, e as histórias do filho deles, Isaque. Podemos nos lembrar das histórias de Esaú, Jacó, José e Moisés. Podemos nos lembrar das histórias de Raabe, Gideão, Baraque, Sansão, Jefté, Davi, Samuel e os profetas. Pela fé que tinham, alcançaram justiça, cumpriram promessas, fecharam a boca de leões, apagaram o poder do fogo, escaparam do perigo, encontraram força na fraqueza e eram poderosos.

Quando temos dificuldade em confiar que Deus está conosco, podemos nos lembrar dessas histórias de pessoas fiéis.

Essas histórias nos lembram de como Deus agiu por meio de pessoas fiéis desde o início dos tempos.

Querido Deus, ajude-me a lembrar dessas histórias quando eu tiver dificuldade de confiar no Senhor. Amém.

309

Novo Céu e nova Terra APOCALIPSE 21:1-6

Um seguidor de Jesus chamado João teve sonhos e visões sobre as promessas de Deus. João sonhou com o novo Céu e a nova Terra que Jesus lhe disse que estabeleceria em breve.

No sonho de João, tudo estava mudado. O mundo antigo não existia mais, e ele viu uma nova cidade santa descendo do Céu de Deus. Foi bonito! Então, ele ouviu uma voz dizer: "Olha! Deus viverá conosco e seremos o povo de Deus. Ele enxugará todas as nossas lágrimas. Ninguém vai morrer. Não haverá mais perda, ou choro, ou sofrimento. Todas as coisas serão transformadas em algo novo".

João viu Jesus sentado no trono. Ele ouviu Jesus dizer: "Eu sou o Alfa e o Ômega, o Princípio e o Fim". Jesus disse a João para que escrevesse tudo o que ele tinha visto e ouvido.

Querido Deus, obrigado por fazer todas as coisas novas. Amém.

Prezados pais e responsáveis,

O **Histórias clássicas da Bíblia** foi desenvolvido visando o crescimento da fé de seu filho. Cada história incluída neste livro foi selecionada por conter uma lição teológica básica. Ao ouvir e aprender sobre esses relatos, seu filho será despertado a crer que Deus está presente em todos os momentos da vida dele. Nosso desejo é que seu filho seja capaz de absorver a sabedoria contida nestes textos à medida que ele cresce e experimenta os altos e baixos que fazem parte da vida.

Você notará que algumas dessas histórias se repetem ou que parecem estar fora de ordem, especialmente as histórias do Novo Testamento. Mesclar elementos (combinar histórias de diferentes livros da Bíblia para formar uma narrativa) acontece em muitos livros de histórias bíblicas para crianças, pois isso dá a ilusão de uma história coerente do começo ao fim. A Bíblia não está escrita dessa forma. Por exemplo, você lerá três relatos sobre o Domingo de ramos neste livro, mas em nossas Bíblias há quatro relatos sobre esse evento. Decidimos incluir apenas três deles, separadamente, para mostrar as diferentes maneiras pelas quais Mateus, Marcos e Lucas ensinaram sobre esse evento em seus evangelhos. Isso ajuda até os cristãos mais jovens a ver que a Bíblia não é uma história cronológica com um relato ou testemunha, mas uma biblioteca de histórias que nos ensinam sobre o amor de Deus por todos.

Também incluímos uma oração ao final de cada texto. Optamos por essa inclusão a fim de incentivar a comunhão com Deus, gerar a identificação com os personagens e propiciar um tempo para que o Espírito Santo aja por meio de todas as histórias. Também colocamos orações extras no final deste livro. Queremos que seja fácil para você criar momentos sagrados com seu filho enquanto ele aprende sobre as amadas histórias contidas neste livro.

Você encontrará também um índice temático que sugerimos ler quando surgirem sentimentos de tédio, confusão, felicidade, raiva, medo, tristeza, doença, gratidão e ansiedade. Confiamos que os testemunhos de nossos antepassados e de nossa fé nos proporcionarão comunhão, orientação e consolo ao vermos como Deus agiu em suas vidas. Isso nos ajuda a confiar que Deus também agirá por meio de nós.

Incentivar seu filho a procurar a presença de Deus através das Escrituras estabelecerá essa prática à medida que ele continua a crescer em sua fé.

Como criar momentos sagrados com seus filhos

É fácil usar o livro **Histórias clássicas da Bíblia** para criar um momento sagrado diário com seu filho. Todos os dias, separe um tempo tranquilo para que você e seu filho se aproximem por meio do livro de histórias da Bíblia. Pergunte ao seu filho se ele está feliz ou triste. Pergunte o porquê desse sentimento. Diga ao seu filho se você está feliz ou triste. Se for apropriado compartilhar o porquê, faça-o.

Depois leia uma história e faça a oração sugerida. É isso aí! Se você tiver tempo extra, poderá fazer uma das orações adicionais na parte final deste livro.

Histórias para ler quando eu estiver...

Entediado
- Criação (Gênesis 1:1-25)
- Atravessando o mar (Êxodo 13:17–14: 31)
- Davi e Golias (1 Samuel 17:1-51)
- A fornalha ardente (Daniel 3:1-30)
- Daniel na cova dos leões (Daniel 6: 1-28)
- Jesus acalma a tempestade (Marcos 4:35-41)

Confuso
- Provérbios de Salomão (Provérbios 3:5; 6:6-8; 17:17)
- A história de José (Mateus 1:18-24)
- Que a paz esteja com vocês (João 20:24-31)

Feliz
- Cânticos de alegria (Êxodo 15:1-21)
- Salmo 150 (vv.1-6)
- Hosana! (Mateus 21:1-11)

Com raiva
- Salmo 121 (vv.1-8)

Assustado
- Elias e Eliseu (1 Reis 19:1-21)
- Salmo 23 (vv.1-6)
- Salmo 121 (vv.1-8)

Triste
- Rute, Parte 1 (Rute 1:1-22)
- Salmo 121 (vv. 1-8)
- Espadas em arados (Isaías 2:1-5)
- Os pássaros que voam pelo céu (Mateus 6:25-34)
- No jardim do Getsêmani (Mateus 26:31-56)
- O pai perdoador (Lucas 15:11-32)
- Seja alegre e persevere (Filipenses 4:4-14)
- Anime-se (2 Timóteo 1:3-7)

Doente
- À imagem de Deus (Gênesis 1:26–2:4)
- Davi, o músico (1 Samuel 16:14-23)
- Salmo 23 (vv. 1-6)
- Os cinco amigos (Marcos 2:1-12)

Grato
- Davi dança (2 Samuel 6:1-19)
- Salmo 150 (vv. 1-6)

Preocupado
- Elias e os corvos (1 Reis 16:29,30; 17:1-7)
- Salmo 139 (vv. 1-12)

Orações da manhã

Louvo a Deus, pelas bolhas e chuva, bolas e blocos
 e jogos de esconde-esconde.
Louvo a Deus por meus quebra-cabeças e livros,
 por lanches e alimentos que minha família prepara.
Louvo a Deus, por me criar para apreciar
 a maravilha de tudo que vejo. Amém.

  Ó, o Senhor é bom para mim.
  E então agradeço ao Senhor.
  Por me dar as coisas que eu preciso —
  o sol, a chuva e a semente de maçã.
  O Senhor é bom para mim! Amém.

Hoje é um novo dia, belo e brilhante.
Deus me ama com todo o Seu poder.
Louvo a Deus nos altos Céus.
Deus me deu o Seu precioso amor! Amém.

  Deus do Céu, ouça minha oração.
  Mantenha-me em Seu cuidado amoroso.
  Conduza-me todos os dias em tudo que faço.
  Abençoa todos aqueles que me amam também.
  Amém.

Orações para a hora de dormir

Deus, esteja comigo enquanto eu durmo.
Abençoe meus dedos, mãos e pés.
Quando eu acordar, por favor, esteja comigo
como amo todos aqueles que vejo. Amém.

    Durma minha criança —
    você é preciosa para mim.
    Eu sei que você crescerá para ser
    a pessoa maravilhosa que
    Deus quer que você seja. Amém.

Durma, criança, descanse a cabeça.
Aninhe-se na sua cama aconchegante.
Feche os olhos e sonhe.
Quando você acordar, vamos rir e brincar.
Até o seu sono tranquilo terminar,
sonhe longe, pequenino. Amém.

    Louvado seja, ó Deus no Céu.
    Louvado seja durante o dia e à noite.
    Esteja comigo todos os dias,
    enquanto aprendo a trabalhar e a brincar. Amém.

Orações pelas refeições

"Te agradecemos"

Agradecemos a nossa comida.
Agradecemos a nossa comida.
Obrigado, Deus, por nos amar.
Agradecemos a nossa comida.

"Deus é bom"

Deus é bom. Deus é bom.
Agradecemos a Deus por nossa comida.
Pela mão de Deus, somos alimentados.
Dê-nos, Senhor, nosso pão diário.
Deus é bom. Deus é bom.
Agradecemos a Deus por nossa comida.
Obrigado, Deus, por me dar
comida e leite e tudo que eu preciso.
Obrigado, Deus, por me amar.
Ajude-me a ser a criança que o Senhor quer ver. Amém.

    Obrigado pela comida que comemos.
    Obrigado pelo mundo tão doce.
    Obrigado pelos pássaros que cantam.
    Obrigado Deus, por tudo. Amém.

Oração com movimento

Querido Deus, *(mãos juntas sobre o coração)*
Obrigado *(pule de alegria)*
Pelo Sol, a Lua *(braços formam um círculo)*
e as estrelas; *(os dedos indicadores apontam para cima)*
pelo inverno, *(agite-se como se estivesse com frio)*
primavera, *(esticar os braços como você acabou de acordar)*
verão, *(ventile-se do calor)*
e outono; *(mova as mãos em direção ao chão como folhas caindo)*
os pássaros no ar *(bata os braços)*
e o peixe no mar; *(faça uma cara de peixe)*
pelos cães e gatos que me fazem companhia;
(faça bigodes com seus dedos)
pelos amigos e familiares que me trazem alegria. *(abrace-se)*
Todas essas coisas me abençoam. *(sorria)*
Ajude-me a abençoar tudo o que vejo. *(traga as mãos de volta junto sobre o coração)*
Amém.

Estante da Bíblia

Lei: Gênesis, Êxodo, Levítico, Números, Deuteronômio

Históricos: Josué, Juízes, Rute, 1 Samuel, 2 Samuel, 1 Reis, 2 Reis, 1 Crônicas, 2 Crônicas, Esdras, Neemias, Ester

Poéticos: Jó, Salmos, Provérbios, Eclesiastes, Cânticos

Proféticos: Isaías, Jeremias, Lamentações, Ezequiel, Daniel, Oseias, Joel, Amós, Obadias, Jonas, Miqueias, Naum, Habacuque, Sofonias, Ageu, Zacarias, Malaquias

Evangelhos: Mateus, Marcos, Lucas, João

Histórico: Atos

Cartas Paulinas: Romanos, 1 Coríntios, 2 Coríntios, Gálatas, Efésios, Filipenses, Colossenses, 1 Tessalonicenses, 2 Tessalonicenses, 1 Timóteo, 2 Timóteo, Tito, Filemom

Cartas Gerais: Hebreus, Tiago, 1 Pedro, 2 Pedro, 1 João, 2 João, 3 João, Judas

Profecia: Apocalipse